专利事务问答

ZHUAN LI SHI WU WEN DA

国家知识产权局专利局南京代办处　组织编写

知识产权出版社

全国百佳图书出版单位

图书在版编目（CIP）数据

专利事务问答/国家知识产权局专利局南京代办处组织编写 . —北京：知识产权出版社，2018.4

ISBN 978 - 7 - 5130 - 5503 - 1

Ⅰ. ①专… Ⅱ. ①国… Ⅲ. ①专利法—中国—问题解答 Ⅳ. ①D923.425

中国版本图书馆 CIP 数据核字（2018）第 061259 号

内容提要

本书基于国家知识产权局专利局南京代办处 30 年来的服务工作积累，着眼于申请人对于专利申请等事务流程知识的需求，对专利事务相关内容进行了较为全面的解答，涉及的问题有初步审查、实质审查、复审、无效宣告、特殊流程、授权后保护等十大方面。

| 责任编辑：可　为 | 责任校对：王　岩 |
| 装帧设计：麒麟轩设计 | 责任出版：刘译文 |

专利事务问答

国家知识产权局专利局南京代办处　组织编写

出版发行：知识产权出版社有限责任公司	网　　址：http：//www.ipph.cn
社　　址：北京市海淀区气象路 50 号院	邮　　编：100081
责编电话：010 - 82000860 转 8335	责编邮箱：kewei@cnipr.com
发行电话：010 - 82000860 转 8101/8102	发行传真：010 - 82000893/82005070/82000270
印　　刷：北京科信印刷有限公司	经　　销：各大网上书店、新华书店及相关专业书店
开　　本：880mm×1230mm　1/32	印　　张：5.5
版　　次：2018 年 4 月第 1 版	印　　次：2018 年 4 月第 1 次印刷
字　　数：140 千字	定　　价：30.00 元
ISBN 978-7-5130-5503-1	

出版权专有　侵权必究

如有印装质量问题，本社负责调换。

编委会

主编简介

吕阳红，国家知识产权局专利局南京代办处主任，研究员，全国专利信息领军人才，国家知识产权局专利信息专家库成员，江苏省知识产权专家库成员，江苏省知识产权序列高级职称评审专家，中国发明协会理事，江苏省科技服务业研究会副理事长，曾任第一届、第二届全国知识产权分析评议联盟理事长，博士后指导专家。长期从事知识产权信息的传播与利用、服务体系建设、知识产权信息服务信息化建设及专利初审等方面的研究与实践。主持并承担了50余项国家级和省级重大知识产权项目的研究工作，其中，主持研究的《江苏省重大项目知识产权审议规范研究报告》项目荣获2013年度"江苏省社科应用研究精品工程"优秀成果一等奖。主持研发了20多个知识产权应用系统，主持优化了专利事务多个初审业务的审查流程等。在著作方面也有独特的研究思路和做法，以构思新颖和能解决实际问题而受到读者欢迎和好评。从2013年到2015年连续主编的《江苏专利实力指数报告》、参与的《新一代地方专利信息服务工具研究》等著作，以及发表的40余篇关于江苏省产业知识产权战略预警研究及分析评议报告、论文等，为政府制定政策提供了科学参考，为地方专利信息工作的开展提供了有效借鉴和指引。

前　言

知识产权工作既承担着激励和保护创新的制度供给作用，又承担着为产业结构调整输送创新成果的技术供给功能，是深入实施创新驱动发展战略、加快经济结构转型升级、提升发展动力等的重要保障。党的十八大以来，以习近平同志为核心的党中央高度重视知识产权工作，作出了加快知识产权强国建设的战略部署，出台了一系列知识产权法规及政策措施，全面开启了知识产权强国建设新征程。党的十九大报告明确提出，倡导创新文化，强化知识产权创造、保护、运用，这为知识产权工作指明了方向，是做好知识产权工作的根本遵循和行动指南。

为深入学习党的十九大精神，全面贯彻国家知识产权战略，加快推进知识产权强国建设，积极助力专利质量提升工程，作为连接专利申请人与国家知识产权局的桥梁，作为我国专利审查体系的重要组成部分，国家知识产权局专利局南京代办处（以下简称"南京代办处"）立足技术创新成果向知识产权转化的枢纽定位，利用贴近基层、直面申请人的优势，从创新主体、中介服务机构等服务对象的现实需求出发，以提高专利申请效率、提升专利质量为着眼点，编写了《专利事务问答》一书，旨在对全社会进行专利申请知识普及推广，发挥强有力的示范引导作用。该书以南京代办处 30 年来所积累的受理、审查及服务实践经验和大量咨询问题为基础，在《中华人民共和国专利法》（以下简称"专利法"）、《中华人民共和国专利法实施细则》（以下简称"专利法实施细则"）和最新修订的《专利审查指南 2010》的总框架下，结合《专利收费减缴办法》《专利权质押登记办法》《专利实施许可合同备案办法》《专利标识标注办法》《专利优先审查管理办法》《国家知识产权局关于修改〈专利审查指南〉的决定》等文件，参考国家知识产权局专利局初审及流程管理部印发的《专利申请流程事务问答》，采用问答的形式对专利事务相关内容进行了阐述。本书共有受理程序、初步审查、实质审查、授予专利权、复审及无效宣告、特殊程序、事务服务流程、专利收费减缴备案、专利收费、授权后保护十个部分，从专利申请前期准备和专利申请文件准备到授权后如何保护都进行了系统解答。

在本书的编写过程中，吕阳红以其长期积累的知识产权研究与实践的丰富经验，对本书的总体框架进行了设计和把控，董来娣、田明以其长期积累形成的业务知识提出了许多宝贵的修改建议。就本书十个部分的内容而言，其中第一章受理程序、第二章初步审查、第八章专利收费减缴备案、第十章授权后保护内容由诸琳、朱凡凡、张晓执笔；第三章实质审查、第四章授予专利权、第五章复审、无效宣告、第六章特殊程序、第七章事务服务流程内容由徐阔、曹冬梅、朱赟之执笔；第九章专利收费内容由罗马、鞠霄、杭蓓执笔，最后成稿在编委会几经讨论和修改的基础上完成。本书在编写过程中得到了国家知识产权局专利局（以下简称"专利局"）及江苏省知识产权局等有关部门、机构、老师的大力支持、指导与帮助，在此一并致谢。因南京代办处的业务范围不甚全面且编委会的业务知识和研究水平有限，所涉及的专利申请的问题还不够完整，在以后的工作中，我们会继续深入总结及完善。本书中有些观点和内容难免有疏漏和不当之处，衷心期望读者提出宝贵意见和建议。

编者

2017 年 12 月 6 日

目　录

第一章　受理程序

第一节　专利申请准备

1. 什么是专利？

专利是受法律规范保护的发明创造。它是指就一项发明创造向国家审批机关提出专利申请，经依法审查合格后向专利申请人授予的该国内规定的时间内对该项发明创造享有的专有权，并需要定时缴纳年费来维持这种国家的保护状态。

2. 专利的类型有哪几种？

专利的类型有发明、实用新型、外观设计。

3. 什么是发明？

发明，是指对产品、方法或者其改进所提出的新的技术方案。从定义可知，首先，可授予发明专利权的保护客体既可以是产品，也可以是方法；其次，可授予发明专利权的保护客体应当是一项新的技术方案。

产品：是由人类技术生产制造出来的物品，例如机器、部件等。如果只是发现自然界存在的物品，例如自然形成的假山、钻石等，不是可授予专利权的保护客体。

方法：可分为产品制造方法和操作使用方法两种类型。产品制造方法如"一种耐候钢的生产方法"等；操作使用方法如"一

1

种数据处理方法"等。

4. 什么是实用新型？

实用新型，是指对产品的形状、构造或者其结合所提出的适于实用的新的技术方案。

实用新型只保护产品（一切方法都不属于实用新型专利权的保护客体）。所述的产品必须是具有确定形状、构造且占据一定空间的实体，且必须经过一定的产业制造过程，未经产业制造的自然存在的物品不属于实用新型专利权保护的客体。

5. 什么是外观设计？

外观设计，是指对产品的形状、图案或者其结合以及色彩与形状、图案的结合所作出的富有美感并适于工业应用的新设计。

外观设计是产品的外观设计，其载体应当是产品。

6. 哪些是不授予专利权的情形？

（1）违反国家法律、社会公德或妨害公共利益的发明创造，如吸毒工具等；

（2）违反法律、行政法规的规定获取或者利用遗传资源，并依赖该遗传资源完成的发明创造；

（3）科学发现；

（4）智力活动的规则和方法，例如扑克牌或某种棋牌的一种新玩法等；

（5）疾病的诊断和治疗方法；

（6）动植物新品种，在我国有专门用于保护植物新品种的《植物新品种保护条例》，但是，所列产品的生产方法，可以依法规定授予专利权；

（7）用原子核变换方法获得的物质；

（8）对平面印刷品的图案、色彩或者二者的结合作出的主要起标识作用的设计；

（9）任何单位或者个人将在中国完成的发明或者实用新型向外国申请专利的，未事先报经专利局进行保密审查，又在中国申请专利的。

7. 涉及计算机领域的发明创造是否可以申请专利？

根据专利法第 2 条第 2 款的规定，发明创造是指发明、实用新型和外观设计。发明创造如果仅仅涉及计算机程序本身或者仅仅记录在载体（例如磁带、磁盘、光盘、磁光盘、ROM、PROM、VCD、DVD 或者其他的计算机可读介质）上的计算机程序本身，或者游戏的规则和方法等，则该发明创造属于智力活动的规则和方法，不属于专利保护的客体。如果一项发明创造既包含计算机程序本身，又包含技术特征，构成了技术方案的是专利保护客体，才可以申请专利。

8. 涉及商业模式的发明创造是否可以申请专利？

涉及商业模式的发明创造，如果既包含商业的规则和方法，又包含技术特征，构成了技术方案的是专利保护客体，才可以申请专利。

9. 什么是已知产品的新用途发明？是否可以申请专利？

已知产品的新用途发明，是指将已知产品用于新的目的的发明。新用途发明可以申请发明专利，审查员会依据专利法第 22 条的规定审查其新颖性、创造性、实用性以决定是否授予专利权。

10. 手工艺品可以申请专利吗？

不能重复生产的手工艺品、农产品、畜产品、自然物不能作为外观设计专利的载体。能够进行重复生产的手工艺品可以作为外观设计专利的载体。

11. 没有经过生产检验的发明创造，能否申请专利？

可以。在申请专利前不要求必须经过生产、试制，但必须满足说明书充分公开的要求，不能缺少技术特征以致无法实施发明创造。

12. 某天文学家通过观测发现了一颗新星，能否被授予专利？

新星属于自然界中客观存在的事物，不能授予专利权。如果天文学家发明的某种用于观测新星的装置或者设备，可以申请专利，符合授权条件则被授予专利权。

13. 一位老中医通过特殊的号脉方式可以诊断出一些难于诊断的疾病，并用针灸、特殊穴位按摩疗法等加以治疗，能否被授予专利权？

特殊的号脉方式及用针灸、特殊穴位按摩疗法等疾病诊断治疗方法不能被授予专利权。老中医用于诊断或治疗疾病的可批量生产的药物、器械及其制备方法可以申请专利，符合授权条件则被授予专利权。

14. 申请发明专利需要哪些文件？

发明专利申请应当提交发明专利请求书（必要）、权利要求书（必要）、说明书（必要），说明书摘要。

如果有图，提供说明书附图，并指定说明书附图中的一幅作为摘要附图。

15. 申请实用新型专利需要哪些文件？

实用新型专利申请应当提交实用新型专利请求书（必要）、

权利要求书（必要）、说明书（必要）、说明书附图（必要）、说明书摘要及摘要附图。

16. 申请外观设计专利需要哪些文件？

外观设计专利申请应当提交外观设计专利请求书（必要）、外观设计图片或照片（必要）、外观设计简要说明（必要）。

17. 外国人可以在我国申请专利吗？

可以。

在中国有经常居所或者营业所的外国人、外国企业和外国其他组织在专利权的保护上可以享受国民待遇，即与我国国民一样有权申请专利，从而获得专利保护。根据专利法的规定，有下列3种情况之一的，可以依照专利法在我国申请专利：

（1）外国人的所属国与我国签订的双边协议规定互相给予对方国民以专利保护的；

（2）外国人的所属国和我国共同参加的国际条约规定互相给予对方国民以专利保护的；

（3）尽管外国人所属国和我国既没有签订双边协议，又没有共同加入国际条约，但对方在专利法中规定或者在实践中依照互惠原则给我国国民以专利保护的。

南京代办处可以受理符合申请条件的外国人、外国企业和外国其他组织，以及我国香港、澳门或者台湾地区的申请人递交的专利申请。

18. 如何获取申请表格？

可以登录国家知识产权局政府网站或者南京代办处网站下载表格。请进入国家知识产权局网站（www.sipo.gov.cn）首页——右下角——表格下载——与专利申请相关，或者进入南京代办处网站（http：//www.njdbc.cn）首页——右上角——表格下载——专利申请表格，选定需要下载的申请表格按右键"另存为"该文件或按左键打开该表，再保存该文件。

第二节　专利申请文件准备

一、专利申请请求书的准备

（一）专利申请请求书的填写

1. 发明、实用新型专利申请如何命名？

发明、实用新型名称应当简短、准确地表明发明专利申请要求保护的主题和类型。

发明、实用新型名称中不得含有非技术词语，例如人名、单位名称、商标、代号、型号等；也不得含有含糊的词语，例如"及其他""及其类似物"等；也不得仅使用笼统的词语，致使未给出任何发明信息，例如仅用"方法""装置""组合物""化合物"等词作为发明名称。

发明、实用新型名称一般不得超过 25 个字，特殊情况下，例如，化学领域的某些发明，最多可以允许到 40 个字。

（《专利审查指南 2010》第一部分第一章第 4.1.1 节）

需要注意，请求书中的发明、实用新型名称和说明书中的发明、实用新型名称应当完全一致。

2. 外观设计专利申请如何命名？

使用外观设计的产品名称对图片或者照片中表示的外观设计所应用的产品种类具有说明作用。使用外观设计的产品名称应当与外观设计图片或者照片中表示的外观设计相符合，准确、简明地表明要求保护的产品的外观设计。产品名称一般应当符合国际外观设计分类表中小类列举的名称。产品名称一般不得超过20个字。

产品名称通常还应当避免下列情形：

（1）含有人名、地名、国名、单位名称、商标、代号、型号或以历史时代命名的产品名称；

（2）概括不当、过于抽象的名称，例如"文具""炊具""乐器""建筑用物品"等；

（3）描述技术效果、内部构造的名称，例如"节油发动机""人体增高鞋垫""装有新型发动机的汽车"等；

（4）附有产品规格、大小、规模、数量单位的名称，例如"21英寸电视机""中型书柜""一副手套"等；

（5）以外国文字或无确定的中文意义的文字命名的名称，例如"克莱斯酒瓶"，但已经众所周知并且含义确定的文字可以使用，例如"DVD播放机""LED灯""USB集线器"等。

（《专利审查指南2010》第一部分第三章第4.1.1节）

3. 如何界定发明人？

发明人是指对发明创造的实质性特点作出创造性贡献的人。

需要注意的是，专利申请被批准后，专利权授予申请人，而非发明人。发明人按照专利法等相关规定获得合理奖励和报酬。

4. 发明人的主体是什么？

发明人必须是自然人，请求书中不得填写单位或集体，例如不得写成"××课题组"等。发明人应当使用本人真实姓名，不得使用笔名或者其他非正式的姓名。外国发明人中文译名可以使用外文缩写字母，姓和名之间用圆点分开，圆点位于中间位置，例如M·琼斯。

5. 不想公布发明人姓名，该如何办理？

提出专利申请时请求不公布发明人姓名的，应当在请求书"发明人"一栏所填写的相应发明人后面注明"（不公布姓名）"。

提出专利申请后请求不公布发明人姓名的，应当以意见陈述书的方式提出请求，同时附具由发明人签字或者盖章的请求不公布发明人姓名的书面声明。但是专利申请进入公布准备后才提出该请求的，视为未提出请求。

6. 不公布发明人姓名的请求提出后，后面可以再请求重新公布吗？

不可以。不公布姓名的请求提出之后，经审查认为符合规定的，专利局在专利公报、说明书单行本以及专利证书中均不公布其姓名，并在相应位置注明"请求不公布姓名"字样，发明人也不得再请求重新公布其姓名。

7. 发明人超过 3 人，在请求书中如何填写？

发明人超过 3 人的，应当在请求书中添加附页，并从第 4 个发明人开始填写。

8. 申请人的主体有哪些？

申请人主体包括大专院校、科研院所、工矿企业、事业单位、个人等，不包括"××课题组""××科研处"等明显不具有申请人资格的主体。

9. 申请人是个人的，在请求书中填写时能用笔名吗？

不能。申请人是个人的，应当使用本人真实姓名，不得使用笔名或者其他非正式的姓名。

10. 申请人是单位的，可以使用简称吗？

不可以。申请人是单位的，应当使用正式全称（与单位公章一致），不得使用缩写或者简称。

11. 申请人是外国人、外国企业或者外国其他组织的，在请求书中需要填写国籍吗？

需要。申请人是外国人、外国企业或者外国其他组织的，应当填写其中文姓名或者名称、国籍或者注册的国家或者地区。

12. 申请人是否应当填写详细地址、邮政编码、经常居所或营业所所在地？

是的。申请人应当正确填写详细地址（省/自治区/直辖市、市/自治州/县/自治县、镇/乡、街道门牌号码等）、邮政编码、经常居所或营业所所在地，不能漏项。

13. 申请人超过 3 个，在请求书中如何填写？

申请人超过 3 个，应当在请求书中添加附页，并从第 4 个申请人开始填写。

14. 请求书中联系人如何填写？

申请人是单位且未委托专利代理机构的，应当填写联系人。联系人是代替该单位接收专利局所发信函的收件人。联系人应当是本单位的工作人员，必要时审查员可以要求申请人出具证明。

申请人为个人且需由他人代收专利局所发信函的，也可以填写联系人。

联系人只能填写 1 人。填写联系人的，还需要同时填写联系人的通信地址、邮政编码和电话号码。

（《专利审查指南 2010》第一部分第一章第 4.1.4 节）

15. 请求书中的代表人如何指定？

申请人有 2 人以上且未委托专利代理机构的，除请求书中另有声明外，以第一署名申请人为代表人。请求书中另有声明的，所声明的代表人应当是申请人之一。除直接涉及共有权利的手续外，代表人可以代表全体申请人办理在专利局的其他手续。

直接涉及共有权利的手续包括：提出专利申请，委托专利代理，转让专利申请权、优先权或者专利权，撤回专利申请，撤回优先权要求，放弃专利权等。直接涉及共有权利的手续应当由全体权利人签字或者盖章。

（《专利审查指南 2010》第一部分第三章第 4.1.5 节）

16. 什么是同日申请？

同一申请人同日对同样的发明创造既申请实用新型专利又申请发明专利的，称为同日申请。

专利法第 9 条规定，同样的发明创造只能授予一项专利权。该规定简称为"一发明一专利原则"，属于专利法的一项基本原则。专利法对于同样的发明创造的审查适用先申请原则。而对于同一申请人同日申请的发明专利和实用新型专利，若先获得授权的实用新型专利权尚未终止，并且申请人在申请时分别作出说明的，则申请人声明放弃该实用新型专利权，可以授予发明专利权。

17. 如何在申请时针对同日申请分别作出说明？

申请人应当在同日（仅指申请日）递交发明专利申请文件和实用新型专利申请文件，并应当在发明专利请求书的 21 项"声明本申请人对同样的发明创造在申请本发明专利的同日申请了实

用新型专利"和实用新型专利请求书中的 18 项"声明本申请人
对同样的发明创造在申请本实用新型专利的同日申请了发明专
利"都作出标记。

**18. 外观设计申请中如果存在相似设计或成套产品，在请求
书中如何体现？**

如果申请存在以上情况，在请求书中勾选相应选项即可，并
正确填写所包含的项数。

**19. 申请人需要核对提交的专利请求书中的申请文件清单、
附加文件清单吗？**

需要。对于发明、实用新型专利申请，既要核对申请文件、
附加文件的份数页数，也要核对权利要求的项数。对于外观设计
专利申请，既要核对申请文件、附加文件的份数页数，也要核对
图片或照片的幅数。

20. 请求书中的签章栏如何签字或者盖章？

委托了专利代理机构办理申请业务的，可以由专利代理机构
签字或者盖章；未委托专利代理机构的，必须由全体申请人签字
或签章，且签字及使用的公章上的单位名称与请求书中申请人一
栏填写的名称一致。

21. 什么情况下需要提交核苷酸或氨基酸序列表？

当发明涉及由 10 个或更多核苷酸组成的核苷酸序列，或由 4
个或更多 L－氨基酸组成的蛋白质或肽的氨基酸序列时，应当递
交根据国家知识产权局发布的《核苷酸和/或氨基酸序列表和序
列表电子文件标准》撰写的序列表。

（《专利审查指南 2010》第二部分第十章第 9.2.3 节）

具体电子文件标准请见本节第二部分"其他申请文件的准备"。

（二）分案申请

1. 什么是分案申请？

如果申请专利的发明创造不符合专利法关于"一件发明或者实用新型专利申请应当限于一项发明或者实用新型""一件外观设计专利申请应当限于一项外观设计"的规定（专利法规定的可以作为一件申请提出的情形除外），则应当根据审查员的要求，或者由专利申请人主动提出，将申请分成两件或者两件以上的符合单一性规定的专利申请。这就是所谓的对专利申请进行分案，分案的结果就产生了分案申请。

2. 什么情况下可以分案？

一件专利申请包括 2 项以上发明的，申请人可以主动提出或者依据专利审查员的审查意见提出分案申请。分案申请应当以原申请（第一次提出的申请）为基础提出。

（《专利审查指南 2010》第一部分第一章第 5.1.1 节）

3. 分案申请的提出时机？

申请人最迟应当在收到专利局对原申请作出授予专利权通知书之日起 2 个月期限（即办理登记手续的期限）届满之前提出分案申请。上述期限届满后，或者原申请已被驳回，或者原申请已撤回，或者原申请被视为撤回且未被恢复权利的，一般不得再提出分案申请。

对于审查员已发出驳回决定的原申请，自申请人收到驳回决定之日起 3 个月内，不论申请人是否提出复审请求，均可以提出分案申请；在提出复审请求以后以及对复审决定不服提起行政诉讼期间，申请人也可以提出分案申请。

（《专利审查指南 2010》第一部分第一章第 5.1.1 节）

需要注意的是，复审决定作出后复审请求人不服该决定的，可以根据专利法第 41 条第 2 款的规定在收到复审决定之日起 3 个月内向法院提起行政诉讼。

4. 分案申请应注意什么?

分案申请的类别应当与原申请的类别一致。即母案是发明，分案申请也必须是发明，不得为实用新型，反之亦然。

分案申请的申请人应当与原申请的申请人相同；分案申请的发明人也应当是原申请的发明人或者是其中的部分成员。

对于已提出过分案申请，申请人需要针对该分案申请再次提出分案申请的，再次提出的分案申请的递交时间仍应当根据原申请审核。再次分案的递交日不符合上述规定的，不得分案。

但是，因分案申请存在单一性的缺陷，申请人按照审查员的审查意见再次提出分案申请的情况除外。

5. 如何提出分案申请?

分案申请应当在其说明书的起始部分，即发明所属技术领域之前，说明本申请是哪一件申请的分案申请，并写明原申请的申请日、申请号和发明创造名称。

提出分案申请的，应当提交申请文件，并在请求书的分案申请栏内填写原申请的申请日和申请号。此外，还应当提交原申请的申请文件副本以及原申请中与本分案申请有关的其他文件副本（如优先权文件副本）。原申请中已提交的各种证明材料，可以使用复印件。

对于分案申请，视为一件新申请办理各种手续和收取各种费用。对于已经届满或者自分案申请递交日起至期限届满不足 2 个月的期限，申请人可以在自分案申请递交日起 2 个月内或者自收到受理通知书之日起 15 日内补缴费用和补办手续。

对于已提出过分案申请，申请人需要针对该分案申请再次提出分案申请的，在请求书的分案申请栏内填写原申请的申请日和申请号时，还应当在原申请的申请号后的括号内填写该分案申请的申请号。

6. 怎么确定分案申请的申请日？

分案申请的申请日和原申请的申请日一致。

7. 分案申请的内容可以超出原申请记载的范围吗？

不可以。如果超出范围，专利局将以不符合专利法第 33 条或者专利法实施细则第 43 条第 1 款规定为理由驳回该分案申请。

8. 如何准备分案申请的说明书和权利要求书？

分案以后的原申请与分案申请的权利要求书应当分别要求保护不同的发明；而它们的说明书可以允许有不同的情况。例如，分案前原申请有 A 、B 两项发明；分案之后，原申请的权利要求书若要求保护 A ，其说明书可以仍然是 A 和 B ，也可以只保留 A；分案申请的权利要求书若要求保护 B ，其说明书可以仍然是 A 和 B ，也可以只是 B 。

（《专利审查指南 2010》第二部分第六章第 3.2 节）

9. 某一申请人的多项发明创造可否一起申请？

属于一个总的发明构思（是指具有相同或者相应的特定技术特征）的两项以上的发明或者实用新型，可以作为一件申请提出。

同一产品两项以上的相似外观设计，或者用于同一类别并且成套出售或者使用的产品的两项以上外观设计，可以作为一件申请提出。一件外观设计专利申请中的相似外观设计不得超过10项。

申请后不符合单一性可以分案。

10. 什么是相似外观设计?

一般情况下,经整体观察,如果其他外观设计和基本外观设计具有相同或者相似的设计特征,并且二者之间的区别点在于局部细微变化、该类产品的惯常设计、设计单元重复排列或者仅色彩要素的变化等情形,则通常认为二者属于相似的外观设计。

(《专利审查指南2010》第一部分第三章第9.1.2节)

11. 什么是成套产品的外观设计?

成套产品是指由两件以上(含两件)属于同一大类、各自独立的产品组成,各产品的设计构思相同,其中每一件产品具有独立的使用价值,而各件产品组合在一起又能体现出其组合使用价值的产品,例如,由咖啡杯、咖啡壶、牛奶壶和糖罐组成的咖啡器具。

(《专利审查指南2010》第一部分第三章第9.2节)

(三) 优先权

1. 什么是"本国优先权"或者"外国优先权"?

申请人自发明或者实用新型在外国第一次提出专利申请之日起12个月内,或者自外观设计在外国第一次提出专利申请之日起6个月内,又在中国就相同主题提出专利申请的,依照该外国同中国签订的协议或者共同参加的国际条约,或者依照相互承认优先权的原则,可以享有优先权。这种优先权称为外国优先权。

申请人就相同主题的发明或者实用新型在中国第一次提出专利申请之日起12个月内,又以该发明专利申请为基础向专利局提出发明专利申请或者实用新型专利申请的,或者又以该实用新型专利申请为基础向国家知识产权局专利局提出实用新型专利申请或者发明专利申请的，可以享有优先权。这种优先权称为本国优先权。

（《专利审查指南 2010》第一部分第一章第 6.2 节）

2. 如何要求优先权？

申请人要求优先权的，应当在申请时，在请求书中优先权申请栏内填写优先权日、在先申请号等信息，并且在 3 个月内提交第一次提出的专利申请文件的副本；未提出书面声明或者逾期未提交专利申请文件副本的，视为未要求优先权。

3. 要求优先权的专利申请的申请日怎么确定？

要求优先权的专利申请以实际递交日为申请日。

4. 优先权的效力是什么？

申请人在首次提出申请后，就相同主题的发明创造在优先权期限内提出的专利申请，都看作是该首次申请的申请日提出的，不会因为在优先权期间内，即首次申请的申请日与在后申请的申请日之间任何单位和个人提出了相同主题的申请或者公布、利用这种发明创造而失去效力。

5. 要求外国优先权或者本国优先权应注意什么？

在后申请的申请人，对于外国优先权而言，与在先申请文件副本中记载的申请人应当一致，或者是在先申请文件副本中记载的申请人之一；对于本国优先权而言，则应当与在先申请文件副本中记载的申请人一致。

（《专利审查指南 2010》第一部分第一章第 6.2.1.4 节和第 6.2.2.4 节）

6. 关于本国优先权的在先申请和要求优先权的在后申请应当符合哪些规定？

（1）在先申请应当是发明或者实用新型专利申请，不应当是外观设计专利申请，也不应当是分案申请；

（2）在先申请的主题没有要求过外国优先权或者本国优先权，或者虽然要求过外国优先权或者本国优先权，但未享有优先权；

（3）该在先申请的主题，尚未授予专利权；

（4）要求优先权的在后申请是在其在先申请的申请日起 12 个月内提出的。

（《专利审查指南 2010》第一部分第一章第 6.2.2.1 节）

7. 要求本国优先权的，会有何后果？

申请人要求本国优先权的，其在先申请自在后申请提出之日起即视为撤回。被视为撤回的在先申请不得请求恢复。

（《专利审查指南 2010》第一部分第一章第 6.2.2.5 节）

8. 如何撤回优先权要求？

提交全体申请人签字或者盖章的撤回优先权声明。

申请人要求多项优先权之后，可以撤回全部优先权要求，也可以撤回其中某一项或者几项优先权要求。

注意：要求本国优先权的，撤回优先权后，已按照专利法实施细则第 32 条第 3 款规定被视为撤回的在先申请不得因优先权要求的撤回而请求恢复。

9. 如何恢复优先权要求？

视为未要求优先权并属于下列情形之一的，申请人可以根据专利法实施细则第 6 条的规定请求恢复要求优先权的权利：

（1）由于未在指定期限内答复办理手续补正通知书导致视为未要求优先权；

（2）要求优先权声明中至少一项内容填写正确，但未在规定的期限内提交在先申请文件副本或者优先权转让证明；

（3）要求优先权声明中至少一项内容填写正确，但未在规定期限内缴纳或者缴足优先权要求费；

（4）分案申请的原申请要求了优先权。

除以上情形外，其他原因造成被视为未要求优先权的，不予恢复。例如，由于提出专利申请时未在请求书中提出声明而视为未要求优先权的，不予恢复要求优先权的权利。

（《专利审查指南 2010》第一部分第一章第 6.2.5 节）

（四）生物材料样品保藏和不丧失新颖性宽限期

1. 涉及生物材料样品保藏的专利申请如何办理？

对于涉及生物材料的申请，申请人除应当使申请符合专利法及其实施细则的有关规定外，还应当办理下列手续：

（1）在申请日前或者最迟在申请日（有优先权的，指优先权日），将该生物材料样品提交至国家知识产权局认可的生物材料样品国际保藏单位保藏；

（2）在请求书和说明书中注明保藏该生物材料样品的单位名称、地址、保藏日期和编号以及该生物材料的分类命名（注明拉丁文名称）；

（3）在申请文件中提供有关生物材料特征的资料；

（4）自申请日起 4 个月内提交保藏单位出具的保藏证明和存活证明。

（《专利审查指南 2010》第一部分第一章第 5.2.1 节）

2. 什么情况下可以不提交生物材料样品保藏？

以下情况被认为是公众可以得到、而不要求进行保藏：

（1）公众能从国内外商业渠道买到的生物材料，应当在说明书中注明购买的渠道，必要时，应提供申请日（有优先权的，指优先权日）前公众可以购买得到该生物材料的证据；

（2）在各国专利局或国际专利组织承认的用于专利程序的保藏机构保藏的，并且在向我国提交的专利申请的申请日（有优先权的，指优先权日）前已在专利公报中公布或已授权的生物材料；

（3）专利申请中必须使用的生物材料在申请日（有优先权的，指优先权日）前已在非专利文献中公开的，应当在说明书中注明了文献的出处，说明了公众获得该生物材料的途径，并由专利申请人提供了保证从申请日起 20 年内向公众发放生物材料的证明。

（《专利审查指南 2010》第二部分第十章第 9.2.1 节）

3. 目前，专利局认可的在中国的生物材料样品国际保藏单位有哪些？

（1）中国典型培养物保藏中心（CCTCC）；

（2）中国普通微生物菌种保藏管理中心（CGMCC）；

（3）广东省微生物菌种保藏中心（GDMCC）。

4. 不丧失新颖性宽限期指什么？

根据专利法第 24 条的规定，申请专利的发明创造在申请日（享有优先权的，指优先权日）之前 6 个月内有下列情况之一的，不丧失新颖性：

（1）在中国政府主办或者承认的国际展览会上首次展出的。

中国政府主办的国际展览会，包括国务院、各部委主办或者国务院批准由其他机关或者地方政府举办的国际展览会；中国政府承认的国际展览会，是指国际展览会公约规定的由国际展览局注册或者认可的国际展览会。

（2）在规定的学术会议或者技术会议上首次发表的。

规定的学术会议或者技术会议，是指国务院有关主管部门或者全国性学术团体组织召开的学术会议或者技术会议，不包括省以下或者受国务院各部委或者全国性学术团体委托或者以其名义组织召开的学术会议或者技术会议。

（3）他人未经申请人同意而泄露其内容的。

他人未经申请人同意而泄露其内容所造成的公开，包括他人未遵守明示或者默示的保密信约而将发明创造的内容公开，也包括他人用威胁、欺诈或者间谍活动等手段从发明人或者申请人那里得知发明创造的内容而后造成的公开。

5. 如何要求不丧失新颖性宽限期？

申请人要求不丧失新颖性宽限期的，应当在提出申请时在请求书中声明，并在自申请日起 2 个月内提交证明材料。证明材料包括：

（1）国际展览会的证明材料，应当由展览会主办单位出具。证明材料中应当注明展览会展出日期、地点、展览会的名称以及该发明创造展出的日期、形式和内容，并加盖公章。

（2）学术会议和技术会议的证明材料，应当由国务院有关主管部门或者组织会议的全国性学术团体出具。证明材料中应当注明会议召开的日期、地点、会议的名称以及该发明创造发表的日期、形式和内容，并加盖公章。

（3）申请人提交的关于他人泄露申请内容的证明材料，应当注明泄露日期、泄露方式、泄露的内容，并由证明人签字或者盖章。

（专利法实施细则第 30 条，《专利审查指南 2010》第一部分第一章第 6.3 节）

（五）保　密

1. 哪些专利申请需要提出保密请求？

专利法第 4 条规定的保密范围是涉及国家安全或者重大利益两个方面的发明创造。

2. 如何提出保密请求？

申请人认为其发明或者实用新型专利申请涉及国家安全或者重大利益需要保密的，应当在提出专利申请的同时，在请求书上作出要求保密的表示，其申请文件应当以纸件形式提交。

申请人在申请时没有提出保密请求的，可以在发明专利申请进入公布准备之前，或者实用新型专利申请进入授权公告准备之前，提交意见陈述书提出保密请求。

申请人在提出保密请求之前已确定其申请的内容涉及国家安全或者重大利益需要保密的，应当提交有关部门确定密级的相关文件。

注意：在提出保密请求后，审查员根据保密基准对专利进行审查，并根据不同情况确定是否需要保密。

3. 申请人（或专利权人）对已经保密的专利申请如何提出解密请求？

保密专利申请的申请人或者保密专利的专利权人可以书面提出解密请求。提出保密请求时提交了有关部门确定密级的相关文件的，申请人（或专利权人）提出解密请求时，应当附具原确定密级的部门同意解密的证明文件。

（《专利审查指南 2010》第五部分第五章第 5.1 节）

4. 什么是向外国申请保密审查？

专利法第 20 条第 1 款规定，任何单位或者个人将在中国完成的发明或者实用新型向外国申请专利的，应当事先报经专利局进行保密审查。

5. 如果在中国完成的发明或者实用新型，没有事先报经专利局进行保密审查向外国申请专利的，有什么后果？

该发明创造如果在中国申请专利，不授予专利权。

6. 向外国申请专利的保密审查请求方式有哪些？

（1）直接向外国申请专利或者向有关国外机构提交专利国际申请的，应当事先向专利局提出请求，并详细说明其技术方案；

（2）向专利局申请专利后拟向外国申请专利或者向有关国外机构提交专利国际申请前，应当在向外国申请专利或者向有关国外机构提交专利申请前向专利局提出请求；

（3）申请人向专利局提交 PCT 申请的，视为同时提出向外国申请专利保密审查请求。

（《专利审查指南 2010》第五部分第五章第 6 节）

（六）委托专利代理机构

1. 什么情况下必须要委托专利代理机构代为申请或办理其他专利事务？

有三种情况必须委托专利代理机构代为申请或办理其他专利事务：

（1）在国内没有经常居所或营业所的外国人、外国企业或者其他组织，申请专利和办理其他专利事务的；

（2）在国内没有经常居所或营业所的港澳台的个人、企业或其他组织，申请专利和办理其他专利事务的；

（3）在国内没有经常居所或营业所的外国人、外国企业或者其他组织及港澳台的个人、企业或其他组织作为第一署名申请人与代表人，与中国内地的申请人共同申请专利和办理其他专利事务的。

2. 中国内地的单位或个人申请专利一定要委托专利代理机构吗？

国内单位或者个人申请专利可以专利委托专利代理，也可以不委托。但是如果申请人是初次办理专利申请事宜，建议委托。

3. 对于必须委托专利代理机构而没有按照相关规定委托的，会产生什么后果？

对于必须委托专利代理机构而没有按照相关规定委托的，专利申请不予受理。

4. 什么情况可以办理总委托备案？

同一申请人或专利权人就多份申请或专利委托专利代理机构的，可以向专利局交存总委托书。专利局收到符合规定的总委托书后，应当给出总委托书编号，并通知该专利代理机构。

5. 申请人想委托同一家专利代理机构办理他的多个申请，能不能只签一份委托书？

可以。这种情况下，申请人和专利代理机构签订总委托书，由专利代理机构提交文件备案请求书和总委托书原件、复印件至专利局初审及流程管理部专利事务服务处。地址：北京市海淀区蓟门桥西土城路6号，邮编：100088，电话：010－62084281办理总委托备案即可。

6. 办理总委托备案手续，需要在总委托书上注明哪些内容？

（1）委托人名称；
（2）被委托人名称；
（3）委托事项；
（4）委托人与被委托人签字或盖章。

7. 专利代理机构提交专利申请时，需要提交总委托书复印件时，应在该复印件上注明哪些内容？

（1）发明创造名称；

（2）专利代理机构名称；

（3）专利代理人姓名；

（4）专利局给出的总委托编号；

（5）在复印件上加盖代理机构公章。

8. 委托书可以手写吗？

可以。但要求字迹清晰、字体工整。

9. 委托书忘记签章了怎么办？

可以采取以下 2 种措施补救：

（1）如果及时发现了这个问题，为了节约审查周期，可以提出主动补正，需要提交补正书和修改后的委托书各一式一份；

（2）也可以等待审查员的通知书，收到通知书后按照通知书上的内容进行补正。

10. 专利代理机构的签章是代理专用章可以吗？

经专利局备案的业务章可以，未备案的专利代理机构的签章必须是专利代理机构公章。

11. 如果专利委托代理机构，需要在申请文件请求书中指定代理人吗？

需要。如果委托专利代理机构，应在申请文件请求书中正确填写专利代理机构名称、机构代码，并指定代理人，1 件申请文件最多指定 2 位代理人。

二、其他申请文件的准备（请求书除外）

1. 发明、实用新型的权利要求书如何撰写？

权利要求书应当记载发明或者实用新型的技术特征。技术特征可以是构成发明或者实用新型技术方案的组成要素，也可以是要素之间的相互关系。

独立权利要求应当从整体上反映发明或者实用新型的技术方案，记载解决技术问题的必要技术特征。

在1件专利申请的权利要求书中，独立权利要求所限定的一项发明或者实用新型的保护范围最宽。

如果一项权利要求包含了另一项同类型权利要求中的所有技术特征，且对该另一项权利要求的技术方案作了进一步的限定，则该权利要求为从属权利要求。

从属权利要求中的附加技术特征，可以是对所引用的权利要求的技术特征作进一步限定的技术特征，也可以是增加的技术特征。

权利要求书有几项权利要求的，应当用阿拉伯数字顺序编号，编号前不得冠以"权利要求"或者"权项"等词。

权利要求中可以有化学式或者数学式，必要时也可以有表格，但不得有插图。

2. 发明、实用新型的说明书如何撰写？

说明书第一页第一行应当写明发明名称，该名称应当与请求书中的名称一致，并左右居中。发明名称前面不得冠以"发明名称"或者"名称"等字样。发明名称与说明书正文之间应当空一行。

说明书的格式应当包括以下各部分，并在每一部分前面写明标题：

技术领域：写明要求保护的技术方案所属的技术领域；

背景技术：写明对发明或者实用新型的理解、检索、审查有用的背景技术；有可能的，并引证反映这些背景技术的文件；

发明内容：写明发明或者实用新型所要解决的技术问题以及解决其技术问题采用的技术方案，并对照现有技术写明发明或者实用新型的有益效果；

附图说明：说明书有附图的，对各幅附图作简略说明；

具体实施方式：详细写明申请人认为实现发明或者实用新型的优选方式；必要时，举例说明；有附图的，对照附图说明。

说明书无附图的，说明书文字部分不包括附图说明及其相应的标题。

发明或者实用新型的说明书应当按照上述方式和顺序撰写，并在每一部分前面写明标题，除非其发明或者实用新型的性质用其他方式或者顺序撰写能够节约说明书的篇幅并使他人能够准确理解其发明或者实用新型。

说明书文字部分可以有化学式、数学式或者表格，但不得有插图。

3. 在说明书中如何注明生物材料样品保藏的信息？

对于涉及公众不能得到的生物材料的专利申请，应当在请求书和说明书中均写明生物材料的分类命名、拉丁文学名、保藏该生物材料样品的单位名称、地址、保藏日期和保藏编号。在说明书中第一次提及该生物材料时，除描述该生物材料的分类命名、拉丁文学名以外，还应当写明其保藏日期、保藏该生物材料样品的保藏单位全称及简称和保藏编号；此外，还应当将该生物材料的保藏日期、保藏单位全称及简称和保藏编号作为说明书的一个部分集中写在相当于附图说明的位置。

如果申请人按时提交了符合专利法实施细则第 24 条规定的

请求书、保藏证明和存活证明，但未在说明书中写明与保藏有关的信息，允许申请人在实质审查阶段根据请求书的内容将相关信息补充到说明书中。

（《专利审查指南 2010》第二部分第十章第 9.2.1 节）

4. 如何提交核苷酸或氨基酸序列表？

涉及核苷酸或者氨基酸序列的申请，应当将该序列表作为说明书的一个单独部分，单独编写页码并置于说明书的最后。申请人应当在申请的同时提交与该序列表相一致的计算机可读形式的副本，如提交记载有该序列表的符合规定的光盘或者软盘。提交的光盘或者软盘中记载的序列表与说明书中的序列表不一致的，以说明书中的序列表为准。

5. 如何制作核苷酸或氨基酸序列表？

依照国家知识产权局第 15 号局令（《核苷酸和/或氨基酸序列表和序列表电子文件标准》）制作核苷酸或氨基酸序列表。

其中，"第 5 部分（序列表电子文件的格式）"规定了序列表的格式要求：《核苷酸和/或氨基酸序列表和序列表电子文件标准》可在国家知识产权局网站——政务——政策法规——行业标准处查看。

国家知识产权局有关序列表电子文件标准的网页中提供了欧洲专利局的 Patentin 软件的下载。

6. 化学领域的发明需要实施例吗？需要多少实施例？

由于化学领域属于实验性学科，多数发明需要经过实验证明，因此说明书中通常应当包括实施例，例如产品的制备和应用实施例。

（1）说明书中实施例的数目，取决于权利要求的技术特征的概括程度，例如并列选择要素的概括程度和数据的取值范围；在化学发明中，根据发明的性质不同，具体技术领域不同，对实施例数目的要求也不完全相同。一般的原则是，应当能足以理解发明如何实施，并足以判断在权利要求所限定的范围内都可以实施并取得所述的效果。

（2）判断说明书是否充分公开，以原说明书和权利要求书记载的内容为准。对于申请日之后补交的实验数据，审查员应当予以审查。补交实验数据所证明的技术效果应当是所属技术领域的技术人员能够从专利申请公开的内容中得到的。

（《专利审查指南2010》第二部分第十章第3.4节、第3.5节）

7. 申请文件中是否必须有说明书附图？对附图有何要求？是否可以手工绘制？

说明书附图的作用在于用图形补充说明书文字部分的描述，使人能够直观地、形象化地理解发明或者实用新型的每个技术特征和整体技术方案。对于机械和电学技术领域中的专利申请，说明书附图的作用尤其明显。因此，说明书附图应该清楚地反映发明或者实用新型的内容。

（1）发明：对发明专利申请，用文字足以清楚、完整地描述其技术方案的，可以没有附图；

（2）实用新型：实用新型专利申请的说明书必须有附图。

说明书附图应当使用包括计算机在内的制图工具和黑色墨水绘制，线条应当均匀清晰、足够深，不得着色和涂改，可以为工艺流程图、逻辑框图等，但不得使用工程蓝图，可以手工绘制。

8. 如何撰写说明书摘要？

说明书摘要应当写明发明或者实用新型的名称和所属技术领

域，并清楚地反映所要解决的技术问题、解决该问题的技术方案的要点以及主要用途，其中以技术方案为主；说明书摘要可以包含最能说明发明的化学式。

说明书摘要文字部分（包括标点符号）不得超过 300 个字，并且不得使用商业性宣传用语。

此外，说明书摘要文字部分出现的附图标记应当加括号。

9. 如何确定摘要附图？

有说明书附图的专利申请，应当提供一幅最能反映该发明或者实用新型技术方案的主要技术特征的说明书附图作为摘要附图。该摘要附图应当是说明书附图中的一幅。

摘要附图的大小及清晰度应当保证在该图缩小到 4 厘米 × 6 厘米时，仍能清楚地分辨出图中的各个细节。

10. 对外观设计的图片或照片有何要求？

图片或照片应当清楚地显示要求专利保护的产品的外观设计，请求保护色彩的，应当提交彩色图片或者照片。

就立体产品的外观设计而言，产品设计要点涉及六个面的，应当提交六面正投影视图；产品设计要点仅涉及一个或几个面的，应当至少提交所涉及面的正投影视图和立体图，并应当在简要说明中写明省略视图的原因。

就平面产品的外观设计而言，产品设计要点涉及一个面的，可以仅提交该面正投影视图；产品设计要点涉及两个面的，应当提交两面正投影视图。

就包括图形用户界面的产品外观设计而言，应当提交整体产品外观设计视图。图形用户界面为动态图案的，申请人应当至少提交一个状态的上述整体产品外观设计视图，对其余状态可仅提交关键帧的视图，所提交的视图应当能唯一确定动态图案中动画的变化趋势。

必要时，申请人还应当提交该外观设计产品的展开图、剖视图、剖面图、放大图以及变化状态图。

此外，申请人可以提交参考图，参考图通常用于表明使用外观设计的产品的用途、使用方法或者使用场所等。

（《专利审查指南 2010》第一部分第三章第 4.2 节）

11. 如何撰写外观设计简要说明？

外观设计的简要说明应当写明外观设计产品的名称、用途，外观设计的设计要点，并指定一幅最能表明设计要点的图片或者照片。省略视图或者请求保护色彩的，应当在外观设计简要说明中写明。

对同一产品的多项相似外观设计提出一件外观设计专利申请的，应当在外观设计简要说明中指定其中一项作为基本设计。

外观设计简要说明不得使用商业性宣传用语，也不能用来说明产品的性能。

（专利法实施细则第 28 条）

12. 涉及遗传资源的专利申请如何办理？

就依赖遗传资源完成的发明创造申请专利，申请人应当在请求书中对于遗传资源的来源予以说明，并且在专利局制定的遗传资源来源披露登记表（以下简称"登记表"）中填写有关遗传资源直接来源和原始来源的具体信息。申请人无法说明原始来源的，应当陈述理由。

申请人对直接来源和原始来源的披露应符合登记表的填写要求，清楚、完整地披露相关信息。

三、专利申请的提交形式

1. 专利申请的提交形式有哪些?

申请人可以电子形式或者（书面）纸件形式提交专利申请。

（1）申请人以电子文件形式申请专利的，应当首先办理电子申请用户注册，通过中国专利电子申请网上在线业务办理平台（在线电子申请）和 CPC 客户端（离线电子申请）向专利局提交申请文件及其他文件。

（2）申请人以（书面）纸件形式申请专利的，可以将申请文件及其他文件当面交到专利局的受理窗口或寄交至"国家知识产权局专利局受理处"，也可以当面交到设在地方的专利局代办处的受理窗口或寄交至"国家知识产权局专利局×××代办处"。

国防知识产权局专门受理国防专利申请。

2. 什么是专利电子申请?

电子申请是指以互联网为传输媒介将专利申请文件以符合规定的电子文件形式向专利局提出的专利申请。申请人可通过电子申请系统向专利局提交发明、实用新型和外观设计专利申请和中间文件以及中国国家阶段的国际申请和中间文件。

3. 申请人如何成为电子申请用户?

（1）访问中国专利电子申请网站（http：//cponline.sipo.gov.cn），自助注册成为电子申请用户，获得用户代码；

（2）请求人是个人的，应当使用身份证号注册；请求人是法人的，应当使用统一社会信用代码或组织机构代码证号注册；请求人是专利代理机构的，应当使用专利代理机构注册号注册。系统将以回执的形式返回注册结果、用户名和密码，不再发出纸件形式注册审批通知书。

如使用其他证件号码注册的，只能注册成为临时电子申请用户，还需将相关证明文件（文件上注明临时电子申请用户账号）邮寄到专利局办理正式用户注册手续。

邮寄地址：北京市海淀区蓟门桥西土城路 6 号　国家知识产权局专利局受理处，邮编：100088。

4. 注册成为电子申请用户以后，申请人如何提交专利电子申请？

（1）使用用户代码和密码登录中国专利电子申请网站，下载并安装用户数字证书；

（2）下载电子申请 CPC 客户端，安装并升级，使用客户端编辑并提交专利申请；或登录电子申请在线业务办理平台，在线提交专利申请。

5. 在线业务办理平台（在线电子申请）和 CPC 客户端（离线电子申请）什么关系？

在线业务办理平台（在线电子申请）和 CPC 客户端（离线电子申请）均可以办理专利申请业务。

在线业务办理平台提供的是在线编辑、验证著录项目信息、提交文件和及时反馈结果的功能，具有业务办理更准确、手续办理更快捷等优点。

6. CPC 客户端（离线电子申请）与在线业务办理平台（在线电子申请）之间的案卷包是否支持互相导入？

离线电子申请和在线电子申请案卷包可以相互导入，但仅能保证案卷包中申请文件（发明及实用新型请求书、说明书摘要、权利要求书、说明书、说明书附图和外观设计请求书、外观设计的图片或照片、简要说明）的互导。

7. 申请人是否可以通过在线业务办理平台（在线电子申请），递交 CPC 客户端（离线电子申请）的中间文件？

不可以。

8. 在线业务办理平台（在线电子申请）支持哪些浏览器？

在线业务办理平台仅支持 IE 8 至 IE 10 浏览器。

9. 纸件专利申请，可以转为电子申请吗？

可以。申请人或专利代理机构可以请求将纸件申请转换为离线电子申请，涉及国家安全或者重大利益需要保密的专利申请除外。

提出转换请求的申请人或专利代理机构应当是电子申请用户，并且应当通过电子形式提出请求。经审查符合要求的，该专利申请后续手续均应当通过电子申请客户端以电子形式提交。

不接受纸件方式提交的纸件申请转电子申请请求。

（《专利审查指南2010》第五部分第十一章第5.6节）

10. 申请人用哪种提交方式能更快获取受理通知书？

申请人通过在线业务办理平台（在线电子申请）或者 CPC 客户端（离线电子申请）提交专利申请能够更快获取受理通知书，申请人以纸件形式申请专利获取通知书较慢。

四、受理程序的其他问题

1. 什么是申请日？如何确定申请日？

国务院专利行政部门收到专利申请文件之日为申请日。

面交的申请文件：申请人把申请文件直接递交到专利局受理处或者各代办处，符合受理条件的，其提交日就确定为申请日。

邮寄的申请文件：通过邮局挂号信、平信或特快专递方式邮寄递交到专利局受理处或者各代办处的专利申请，符合受理条件的，以信封上的寄出邮戳日为申请日；寄出的邮戳日不清晰无法辨认的，以专利局受理处或者各代办处收到日为申请日。

通过速递公司递交到专利局受理处或者各代办处的专利申请，以专利局受理处或者各代办处收到日为申请日。

2. 申请日有什么法律意义？

（1）申请日确定了提交申请时间的先后。专利法第 9 条第 2 款规定，两个以上的申请人分别就同样的发明创造申请专利的，专利权授予最先申请的人。

（2）申请日是现有技术的时间界限点。根据专利法第 22 条第 5 款的规定，现有技术是指申请日（有优先权的，指优先权日）以前在国内外为公众所知的技术。而新颖性，是指该发明或者实用新型不属于现有技术；也没有任何单位或者个人就同样的发明或者实用新型在申请日以前向国务院专利行政部门提出过申请，并记载在申请日以后（含申请日）公布的专利申请文件或者公告的专利文件中。因此，申请日也是新颖性判断的时间界限点，是专利申请能否获权的重要决定因素之一。

（3）申请日是审查程序中一系列有关期限的起点。

3. 专利申请被受理后，申请人应注意哪些问题？

专利申请被受理之后，申请人应当注意以下五方面内容：

（1）缴纳申请费。申请人在收到受理通知书以后，在申请日起 2 个月内或者在收到受理通知书之日起 15 日内缴纳申请费（印刷费、附加费等）。

（2）可以根据专利法实施细则第 51 条的规定，对申请文件进行主动修改，但不得超出原说明书和权利要求书记载的范围，外观设计不得超出原图片或者照片表示的范围。

（3）等待接收通知书。申请人在收到补正通知书或者审查意见通知书后，应当在指定的期限内按照补正通知书的要求进行补正或者陈述意见。

（4）发明专利申请的申请人在申请日起3年内应当提交实质审查请求书、缴纳实质审查费。

（5）收到授权及办理登记手续通知书后，在规定期限内办理登记手续。

4. 寄交的申请文件，什么时候能收到受理通知？

以挂号信、平信、特快专递或是快递公司方式寄出的申请文件，一般在1个月内，可以收到以挂号信方式寄出的受理通知书。如果到时仍未收到，可以拨打专利局咨询电话010 – 62356655查询，邮寄至南京代办处的文件可拨打025 – 83241914查询。

5. 受理通知书上的申请日不正确，怎么办？

申请人在收到专利申请受理通知书之后认为受理通知书上的申请日不正确的，可在递交专利申请文件之日起2个月内或者申请人收到受理通知书1个月内，向专利局提交意见陈述书，要求更正申请日，并附有收寄专利申请文件的邮局出具的寄出日期的有效证明。该证明中注明的寄出挂号号码与请求书中记录的挂号号码必须一致。

6. 受理通知书上有名字写错了，怎么办？

需请申请人自查提交的请求书上是如何填写的。如果申请文件没有留底，需进行文档查阅或复制。

如果自查后确认是专利局打印错误，则提交意见陈述书请审查员更正。

如果自查后确认是申请人填写错误，需改正请求书中所填写的姓名或者名称，应当办理著录项目变更手续，并提交相应的证明材料。

7. 纸件申请文件交到哪里？

申请人可以将纸件申请文件直接面交到专利局受理大厅或代办处。如果不方便面交也可以邮寄，专利局地址为：北京市海淀区蓟门桥西土城路 6 号　国家知识产权局专利局受理处，邮编：100088。南京代办处的地址为：江苏省南京市中山北路 49 号江苏机械大厦 1003 室　南京代办处受理部，邮编：210008。

8. 申请人如何查询寄往专利局或者南京代办处的文件？

对于挂号信和快递通过挂号号码和快递号码进行查询。

9. 怎样查询有无发文或邮寄文件？

有三种方式可以进行查询：

（1）向国家知识产权局客户服务中心（010 – 62356655）或南京代办处（025 – 83241914）进行电话查询；

（2）登录国家知识产权局网站（www. sipo. gov. cn），进入首页的"政务服务平台——专利事务服务——通知书发文信息"栏进行查询；

（3）登录国家知识产权局网站（www. sipo. gov. cn），进入首页的"政务服务平台——专利检索查询——专利审查信息查询或公布公告查询"进行查询。

10. 如何撤回专利申请？

授予专利权之前，申请人可以随时主动要求撤回其专利申请。申请人撤回专利申请的，应当提交撤回专利申请声明，并附具全体申请人签字或者盖章同意撤回专利申请的证明材料，或者仅提交由全体申请人签字或者盖章的撤回专利申请声明。委托专利代理机构的，撤回专利申请的手续应当由专利代理机构办理，并附具全体申请人签字或者盖章同意撤回专利申请的证明材料，或者仅提交由专利代理机构和全体申请人签字或者盖章的撤回专利申请声明。

（《专利审查指南2010》第一部分第一章第6.6节）

11. 哪些网站可以作专利检索？

可以通过中国及多国专利审查信息查询入口（http：//cpquery. sipo. gov. cn/）专利搜索网站进行专利检索。

第二章 初步审查

1. 专利申请为什么要初步审查?

发明专利申请采用实质审查制。为了促进技术得到尽快传播,我国对发明专利的审查实行先公开技术、再实质审查的制度。

为了保证公开技术文本的标准化和规范性,同时兼顾专利审查效率,需要在发明专利公布之前对申请文件的形式缺陷、明显实质性缺陷以及优先权、新颖性宽限期、生物材料保藏等相关手续的完整性进行必要的审查。这就是发明专利初步审查,该程序介于受理程序和公布程序之间。发明专利申请公布之后,应申请人的请求,还需经过实质审查程序,才能被授予专利权。

对于实用新型和外观设计专利申请,因为我国当前以初步审查制为主,所以实用新型和外观设计专利申请在通过初步审查之后,可以被授予专利权。该程序介于受理程序和授权公告程序之间。

2. 初步审查主要审查什么内容?

专利法实施细则第 44 条对初步审查需审查的具体内容作出了规定。

对于发明和实用新型专利申请,在实务中,就形式缺陷而言,需要重点把握请求书的完整、准确和规范填写,保证权利要求书、说明书以及说明书附图的撰写符合规范化形式要求以便于公众查阅和审查员对技术的理解,摘要和摘要附图要简明体现技术要点和创新之处以便于文献作用的发挥；就明显实质性缺陷而言，需要从专利保护客体、专利法排除的情形来审视技术自身是否存在这类问题；就相关手续而言，重点在于把握好期限、费用、审查阶段等要素，按照规定提出请求、办理手续。

对于外观设计专利申请，请求书的填写以及相关手续的办理要点与其他两种专利申请是相通的，只是在申请费用金额、优先权期限等细节上要准确区分。但是，因其本身不是技术方案，而是针对产品的富有美感的新设计，所以应当重点考量图片或照片，以及简要说明与图片或照片的结合、对应关系。此外，还需要辨析是否与他人在先取得的商标专用权、著作权等权利相冲突。这些都是初步审查程序的重要内容。

3. 发明专利申请公布之后，在授权前可以获得保护吗？

专利制度有一个重要特点是"以公开换保护"。促进专利技术的早日公布和推广应用是该制度的宗旨之一。根据专利法第13条的规定，发明专利申请公布后，申请人可以要求实施其发明的单位或者个人支付适当的费用。

根据该条规定，发明专利申请公布以后，申请人就获得了"临时保护"的权利，也就是说自申请公布之日起到授权公告日期间，申请人虽然不能对未经其许可而实施发明的个人或单位提起侵权诉讼，但可以要求其支付适当的使用费。如果对方拒绝付费，申请人可以在获得专利权之后通过侵权诉讼的方式来追偿临时保护期的使用费。

有一点需要注意，临时保护期的使用费，一般可以参照普通许可的许可费来确定，从成本的角度来看要低于侵权诉讼赔偿的相关费用。对于使用方而言，是否支付使用费往往取决于其对公开专利技术应用实践的信心及对可能的授权后权利要求保护范围的预判。

4. 为什么要公布专利申请？

"公开性"是专利制度的一个重要特征，也是专利制度的最大优点之一。公布的内容主要起两个方面的作用：第一，法律文件作用，公开宣布专利技术由谁作出、归谁所有，发明专利申请公布后，申请人可以要求实施其发明的单位或个人支付适当的费用；第二，技术情报信息的作用，以便于社会公众获取技术进展，相关单位或研究人员减少重复研究、重复投资和重复申请。

5. 发明专利如何提前公布？

在提交发明专利申请时，申请人在请求书中直接勾选"请求早日公布该专利申请"选项，视为提交了提前公布声明，经专利局初审合格后进入公布准备。在提交发明专利申请后，申请人可以通过向专利局提交《发明专利请求提前公布声明》，来请求提前公布。

提前公布在一定程度上有利于加快专利审查的进程，有利于技术的早日公开，但是对于申请人而言，在提出提前公布请求后又希望撤回提前公布声明的，应当及早提出。发明专利申请进入公报编辑阶段后，提前公布请求不能再撤回。

6. 发明专利在何时公布？

申请人提出提前公布声明，发明专利申请初步审查合格后，立即进入公布准备。

申请人未选择提前公布声明，专利局经初步审查认为符合专利法要求的，自申请日起满 18 个月即行公布，有优先权的自优先权日起 18 个月即行公布。

7. 社会公众对已经公布的申请有异议怎么办？

对于授权前的发明专利申请，若有公众对该申请内容有异议，可以向专利局提交意见陈述书，针对有异议的专利申请提出第三方意见，在提出意见的同时提交相关的技术、数据等客观证据，供审查员在实质审查程序中参考。

如果公众的意见是在审查员发出授予专利权的通知之后收到的，则不予考虑。专利局对公众意见的处理情况，不会通知提出意见的当事人。

8. 在初审阶段如何克服申请文件的缺陷？

在初步审查中，如果审查员发现申请文件存在可以通过补正克服缺陷，会发出补正通知书或意见陈述书，要求申请人在指定期限内，通过补正或陈述意见克服专利申请缺陷。初审阶段的指定期限一般为 2 个月，申请人应当以补正通知书上给出的具体期限为准。

申请人也可以主动提交补正书或意见陈述书来克服形式缺陷。对于申请文件中的技术内容，发明专利在提出实质审查请求时及专利局发出的进入实质审查阶段通知书起 3 个月内，实用新型、外观设计专利在提出申请之日起 2 个月内，申请人可以提出主动修改。

申请人对专利申请进行修改的，应当提交一份补正书和相应的修改文件替换页，同时附具修订格式的原文修改对照页。

9. 专利申请在初审阶段的补正机会有几次？

有几次补正机会由审查员根据具体案件的具体情况来确定。

但是，存在以下情况的，审查员可以作出驳回决定：

（1）申请文件存在明显实质性缺陷，在审查员发出审查意见通知书后，经申请人陈述意见或者修改后仍然没有消除的；

（2）申请文件存在形式缺陷，审查员针对该缺陷已发出过两次补正通知书，经申请人陈述意见或者补正后仍然没有消除的，审查员可以作出驳回决定。

第三章　实质审查

1. 专利申请都需要经过实质审查程序吗？

专利局仅对发明专利申请采取实质审查制。

2. 实质审查的目的是什么？

实质审查的目的在于确定发明专利是否具有可专利性，特别是确定其是否符合专利法有关新颖性、创造性和实用性的规定。

3. 实质审查主要审查什么内容？

在实质审查程序中，审查员基于对现有技术的检索，对专利申请是否具备新颖性、创造性、实用性以及专利法规定的其他实质性条件进行全面审查。

4. 如何启动实质审查？

实质审查程序通常依申请人请求启动。根据专利法第 35 条第 2 款规定，实质审查程序也可以由专利局启动。

5. 如何提出实质审查请求？

根据专利法第 35 条和第 36 条的有关规定，实质审查请求应当自申请日（有优先权的，指优先权日）起 3 年内提出，提交实质审查请求书，并在此期限内缴纳实质审查费。

对于纸件专利申请而言，在提交新申请的同时提出实质审查请求的，申请人可以将实质审查请求书与新申请文件一起交至代办处。在申请日后提交实质审查请求的，直接将实质审查请求书交至专利局，代办处不受理。

6. 发明创造应当具备的"三性"主要指什么？

发明创造应当具备的"三性"主要指新颖性、创造性和实用性。

新颖性，是指该发明或者实用新型不属于现有技术；也没有任何单位或者个人就同样的发明或者实用新型在申请日以前向国务院专利行政部门提出过申请，并记载在申请日以后公布的专利申请文件或者公告的专利文件中。

授予专利权的外观设计，应当不属于现有设计；也没有任何单位或者个人就同样的外观设计在申请日以前向国务院专利行政部门提出过申请，并记载在申请日以后公告的专利文件中。

创造性，是指与现有技术相比，该发明具有突出的实质性特点和显著的进步，该实用新型具有实质性特点和进步。

实用性，是指该发明或者实用新型能够制造或者使用，并且能够产生积极效果。

（专利法第 22 条和第 23 条）

实务中，新颖性的重点在于其技术方案或外观设计是否属于现有技术或现有设计，是否存在在先申请在后公开的相同技术方案的专利申请，是否存在重复授权问题；创造性的重点在于相对于该领域普通的技术人员而言，该技术方案的获取是否是现有技术的显而易见的结合；实用性的重点在产业上再现是否是可行的和现实的。

7. 什么是"现有技术"或"现有设计"？

对于发明和实用新型而言，现有技术，是指申请日以前在国内外为公众所知的技术，包括但不限于国内外出版物公开发表的技术、国内外公开使用的技术。

对于外观设计而言，现有设计，是指申请日以前在国内外为公众所知的设计。

8. "现有技术"或"现有设计"的时间界限如何界定？

"现有技术"或"现有设计"的时间界限是申请日，享有优先权的则指优先权日。申请日以前公开的技术内容或设计，属于"现有技术"或"现有设计"；但申请日当天公开的技术内容或设计，不属于"现有技术"或"现有设计"内容。

9. "现有技术"或"现有设计"的公开方式有哪些？

一般来说，包括出版物公开、使用公开和以其他方式公开三类。

10. 在实质审查程序中，申请人收到专利局发出的审查意见后，该如何处理？

申请人应当在专利局发出的审查意见通知书指定的期限内作出答复。申请人的答复可以仅仅是意见陈述书，也可以进一步包括经修改的申请文件（替换页和/或补正书）。

11. 在实质审查程序中，申请人对于申请文件的修改，有什么限制吗？

申请人在收到专利局发出的发明专利申请进入实质审查阶段通知书之日起，3 个月内进行主动修改的，不得超出原说明书和权利要求书记载的范围。

申请人在答复专利局发出的审查意见通知书时，应当针对审查意见通知书指出的缺陷修改申请文件，同时不得超出原说明书和权利要求书记载的范围。

12. 在实质审查程序中，申请人无法按照专利局指定的期限进行答复的，应如何处理？

申请人因正当理由不能在指定期限内答复审查意见的，可以在期限届满前，向专利局提交延长期限请求书，说明理由，并缴纳延长期限请求费。延长期限请求费以月计算，延长期限不得超过2个月。

13. 如何查询专利申请审查进度？

（1）如果该申请已公布，可以拨打国家知识产权局客户服务中心的咨询电话：010 - 62356655 或南京代办处咨询电话：025 - 83241914、83238202 进行查询。如果该申请还未公布，需要提供申请人身份信息；

（2）登录国家知识产权局网站（www. sipo. gov. cn），进入首页的"政务服务平台——专利检索查询——专利审查信息查询——中国及多国专利审查信息查询入口（http：//cpquery. sipo. gov. cn/）"进行查询。

第四章　授予专利权

1. 授予专利权和办理登记手续的通知书什么时候发？

发明专利申请经实质审查、实用新型和外观设计专利申请经初步审查，没有发现驳回理由的，审查员将发出授予专利权和办理登记手续的通知书，并在通知书中写明授权文本所依据的申请文件和修改文件。

2. 发了授予专利权通知书，专利权就生效了吗？

不是的。专利局作出授予专利权决定，申请人需在规定期限内（收到通知书 2 个月内）办理登记手续后，专利局才颁发专利证书，并同时予以登记和公告。专利权自授权公告之日起生效。为缩短授权公告的等待时间，国家知识产权局每周进行两次授权公告。

3. 专利局发出授予专利权及办理登记手续通知书，申请人办理登记手续合格后，专利局进行授权公告期间，申请人如何证明专利申请已经获得授权？

申请人可以请求出具授权程序证明。

4. 如何办理授权程序证明？

（1）提交申请人或其本案代理机构签章的《办理证明文件请求书》，并在表格"③请求内容"中选取"授权程序证明"；

（2）申请人面交、邮寄方式办理的，需提供申请人的身份证明。申请人委托他人来办理的，需要提交委托书原件、经办人身份证明、申请人身份证明复印件；

（3）已经委托专利代理机构的申请人单独办理授权程序证明的，须持有本案专利代理机构的知情声明；

（4）专利事务服务系统（cpservice. sipo. gov. cn）提供以上业务的在线办理。

注意：办理授权程序证明需要缴纳费用 30 元/份。

5. 未按规定期限办理登记手续的，或者逾期办理的，有何后果？如何处理？

未按规定期限办理登记手续的或者逾期办理的，视为放弃取得专利权。申请人有正当理由的，可以在收到视为放弃取得专利权通知书之日起 2 个月内，向专利局请求恢复权利，提交恢复权利请求书并缴纳恢复权利请求费、授权当年的年费等相关费用。

6. 有多个申请人，专利证书怎么发？

对于一个专利，专利局只颁发一本专利证书；如果共有申请人也需要专利证书，可以根据请求，由专利局颁发专利证书副本。

7. 办理专利证书副本应提交哪些材料？

（1）提交共同权利人或本案代理机构签章的《办理文件副本请求书》，请求人可同时提交"原证书首页复印件"；

（2）共同权利人请求办理的，需提供本人身份证明。共同权利人委托他人来办理的，需要提交委托书原件、经办人身份证明、共同权利人身份证明复印件。

8. 办理专利证书副本的方式有哪些？

（1）将办理证书副本的请求材料寄往专利局办理；

（2）也可以通过专利事务服务系统（cpservice. sipo. gov. cn）在线办理。

注意：办理证书副本需要缴纳费用 30 元/份。

9. 专利证书没收到怎么办？

如果因联系人或申请人地址发生变化而未收到专利证书，可以通过著录项目变更申报书的方式请求变更地址，并通过意见陈述书的方式请求重新邮寄证书。

如果联系地址未发生变化的，也可以通过意见陈述书的方式请求重新邮寄专利证书。

10. 证书更换的情形有哪些？

（1）专利证书损坏的或者印刷错误的，专利权人可以请求更换专利证书；

（2）因专利权属纠纷经地方知识产权管理部门调解或者法院调解或者判决后，专利权归还请求人的，在该调解或者判决发生法律效力后，当事人可以在完成专利权人变更手续后，请求更换专利证书。

11. 证书更换需要提交哪些材料？

（1）意见陈述书；

（2）证书原件。

证书原件须邮寄至专利局受理处。

第五章　复审、无效宣告

第一节　复　审

1. 什么情况下提出复审请求？

对专利局驳回申请的决定不服的，可以提出复审请求。

2. 复审请求的主体是谁？

提出复审请求的主体必须是专利申请人，涉及多个申请人的，应共同提出。

3. 在什么时间内提出复审请求？

自收到驳回决定之日起 3 个月内。

4. 向什么机构提出复审请求？

国家知识产权局设立的专利复审委员会。

5. 提出复审请求需要提交哪些材料？

应当提交复审请求书，并说明理由，必要时还应当附具有关证据，以上材料一式一份。

6. 复审请求人可以修改申请文件吗？

复审请求人在提出复审请求时、答复复审通知书（包括复审请求口头审理通知书）时或者参加复审口头审理三个阶段，可以修改专利申请文件，修改应当仅限于消除驳回决定或者复审通知书指出的缺陷。

7. 复审中，文件是不是还由原来的审查员审查？

复审文件形式审查合格后，先交由原审查部门进行前置审查，原审查部门提出前置审查意见，作出前置审查意见书，坚持驳回决定的案件由专利复审委员会进行合议审查。专利复审委员会合议审查的案件，由三人或五人组成的合议组负责审查，其中包括组长一人、主审员一人、参审员一人或三人。

8. 前置审查的周期是多久？

除特殊情况外，前置审查应当在收到前置审查通知书后 1 个月内完成。

9. 前置审查意见的类型有哪些？

（1）复审请求成立，同意撤销驳回决定；

（2）复审请求人提交的申请文件修改文本克服了驳回决定中所指出的缺陷，同意在修改文本的基础上撤销驳回决定；

（3）复审请求人陈述的意见和提交的申请文件修改文本，不足以使驳回决定被撤销，因而坚持驳回决定。

10. 复审过程中的口头审理可以让律师或者他人代理吗？

可以。其代理权限限于不涉及权利处分的一般代理，如提交请求书、意见陈述书、证据及其他相关材料，参加口头审理等。

11. 复审请求可以委托他人办理吗？

可以由申请人本人提出，也可以委托代理机构提出。

12. 复审请求如何委托代理？

复审程序为相对独立的程序，在专利法实施细则第 15 条第 3 款，第 60 条第 2 款和《专利审查指南 2010》第四部分第二章第 2.6 节中规定，若仅代理此程序的相关事宜，则不需要办理相应的著录项目变更手续。

（1）全程委托（代理全部专利事务）：在复审手续仍由原代理机构办理且不变更代理人的情况下，不需要再提交《专利代理委托书》，否则仍需要提交委托书；

（2）仅复审程序委托该代理机构：需递交《复审程序授权委托书》并注明委托仅限于办理复审程序有关事务。

复审请求人在复审程序中委托专利代理机构，且委托书中写明其委托仅限于办理复审程序有关事务的，其委托手续或者解除、辞去委托的手续在专利复审委员会办理，无须办理著录项目变更手续。

注意：与多个专利代理机构同时存在委托关系的，应当以书面方式指定其中一个专利代理机构作为收件人。

13. 复审请求审查决定的类型有哪些？

（1）复审请求不成立，维持驳回决定；

（2）复审请求成立，撤销驳回决定；

（3）专利申请文件经复审请求人修改，克服了驳回决定所指出的缺陷，在修改文本的基础上，撤销驳回决定。

14. 复审的结果如果是维持驳回决定，该如何救济？

专利申请人对专利复审委员会的复审决定不服的，可以自收到通知之日起 3 个月内向北京知识产权法院起诉。

15. 复审决定被法院生效判决撤销后，下一步程序是什么？

（1）复审请求被法院的生效判决撤销后，专利复审委员会应当重新作出审查决定；

（2）因主要证据不足或者法律适用错误，导致审查决定被撤销的，不得以相同的理由和证据作出与原审查决定相同的决定；

（3）因违反法定程序导致审查决定被撤销的，根据法院的判决，在纠正程序错误的基础上，重新作出审查决定。

第二节　无效宣告

1. 无效宣告请求针对何种专利？

无效宣告请求针对的是已经公告授权的专利，包括已经终止或者放弃（自申请日起放弃的除外）的专利。

2. 无效宣告请求需要提交哪些材料？

请求宣告专利权全部无效或者部分无效的，应当向专利复审委员会提交专利权无效宣告请求书和必要的证据，以上材料一式一份。无效宣告请求书应当结合提交的所有证据，具体说明无效宣告请求的理由，并指明每项理由所依据的证据。

3. 在无效宣告程序中，可以增加的无效宣告证据包括哪些？

（1）请求人在提出无效宣告请求之日起 1 个月内补充证据的，应当在该期限内结合该证据具体说明相关的无效宣告理由；否则，专利复审委员会不予考虑；

（2）请求人在提出无效宣告请求之日起 1 个月后补充证据的，专利复审委员会一般不予考虑，但有下列情形除外：

（i）针对专利权人提交的反证，请求人在专利复审委员会指定的期限内补充证据，并在该期限内结合该证据具体说明相关无效宣告理由的；

（ii）在口头审理辩论终结前提交技术词典、技术手册和教科书等所属技术领域中的公知常识性证据或者用于完善证据法定形式的公证文书、原件等证据，并在该期限内结合该证据具体说明相关无效宣告理由的；

（3）请求人提交的证据是外文的，提交其中文译文的期限适用该证据的举证期限。

（《专利审查指南2010》第四部分第三章第4.3.1节）

4. 无效宣告程序中，专利权人可以修改专利文件吗？

发明或者实用新型专利文件的修改仅限于权利要求书，外观设计专利的专利权人不得修改其专利文件。

5. 无效宣告程序中，专利权人修改权利要求书的方式有哪些？

修改的方式包括：权利要求的删除、技术方案的删除、权利要求的进一步限定（指在权利要求中补入其他权利要求中记载的一个或多个技术特征，以缩小保护范围）、明显错误的修正。

6. 复审、无效宣告过程中用普通的意见陈述书、补正书可以吗？

不可以。应使用专用表格《复审、无效宣告程序意见陈述书》《复审、无效宣告程序补正书》。在专利局网站"表格下载"栏目里有"复审及无效类"的相关表格。

7. 无效宣告请求必须委托代理机构提出吗？

无效宣告请求，可以委托代理机构提出，也可以不委托代理机构提出。

8. 无效宣告请求如何委托代理?

无效宣告程序为相对独立的程序,在专利法实施细则第 15 条第 3 款、第 60 条第 2 款和《专利审查指南 2010》第四部分第三章第 3.6 节中规定,若仅代理此程序的相关事宜,则不需要办理相应的著录项目变更手续。

请求人或专利权人需递交《专利权无效宣告程序授权委托书》并注明委托权限。

(1)(专利权人)全程委托:即使专利权人此前已就其专利委托了在专利权有效期内的全程代理并继续委托该全程代理机构的,也应当提交《专利权无效宣告程序授权委托书》;

(2)(无效宣告请求人或专利权人)仅无效宣告程序委托:需提交《专利权无效宣告程序授权委托书》。专利权人应当在委托书中写明委托仅限于办理无效宣告程序有关事务。

仅限于办理无效宣告程序有关事务的,其委托手续或者解除、辞去委托的手续应当在专利复审委员会办理,无须办理著录项目变更手续。

注意:与多个专利代理机构同时存在委托关系的,应当以书面方式指定其中一个专利代理机构作为收件人。

9. 无效宣告程序中,当事人可以请求口头审理吗?

可以,但依据下列理由请求进行:

(1)当事人一方要求同对方当面质证和辩论;

(2)需要当面向合议组说明事实;

(3)需要实物演示;

(4)需要请出具过证言的证人出庭作证。

请求以书面方式提出。

10. 无效宣告过程中的口审可以让律师或者他人代理吗?

可以。在无效宣告程序中,当事人委托公民代理的,参照有关委托专利代理机构的规定办理。公民代理仅限于在口头审理中陈述意见和接收当庭转送的文件。

11. 如何查询无效宣告决定?

无效宣告决定可以在专利复审委员会的官方网站上查询,或者通过微信公众号"赋青春"查询。此外,全部无效或者部分无效宣告决定会在专利登记簿上进行登记,并在专利公报上进行公告,当事人还可以通过查阅专利公报进行查询。

12. 无效宣告决定公告哪些内容?

专利权全部无效宣告公布的项目包括:主分类号、专利号、授权公告日、无效宣告决定号、无效宣告决定日。

专利权部分无效宣告公布的内容包括:主分类号、专利号、授权公告日、无效宣告决定号、无效宣告决定日、维持有效的权利要求。

第三节 复审及无效宣告优先审查

1. 有哪些情形的专利复审案件,可以请求优先审查?

(1)涉及节能环保、新一代信息技术、生物、高端装备制造、新能源、新材料、新能源汽车、智能制造等国家重点发展产业;

(2)涉及各省级和设区的市级人民政府重点鼓励的产业;

(3)涉及互联网、大数据、云计算等领域且技术或者产品更新速度快;

（4）复审请求人已经做好实施准备或者已经开始实施，或者有证据证明他人正在实施其发明创造；

（5）就相同主题首次在中国提出专利申请又向其他国家或者地区提出申请的该中国首次申请；

（6）其他对国家利益或者公共利益具有重大意义需要优先审查。

2. 有哪些情形的无效宣告案件，可以请求优先审查？

（1）针对无效宣告案件涉及的专利发生侵权纠纷，当事人已请求地方知识产权局处理、向法院起诉或者请求仲裁调解组织仲裁调解；

（2）无效宣告案件涉及的专利对国家利益或者公共利益具有重大意义。

3. 哪些主体可以对复审、无效宣告案件提出优先审查请求？

全体复审请求人，可以对专利复审案件提出优先审查请求；无效宣告请求人或者全体专利权人，可以对无效宣告案件提出优先审查请求，或者处理、审理涉案专利侵权纠纷的地方知识产权局、法院或者仲裁调解组织也可以对无效宣告案件提出优先审查请求。

4. 请求优先审查的专利复审案件可以是纸件申请吗？

提出优先审查请求的复审案件，应当采用电子方式提交复审请求文件和中间文件。

5. 请求复审、无效宣告案件的优先审查，应提交哪些材料？

符合《专利优先审查管理办法》第 3 条、第 4 条规定情形，由当事人提出专利复审或无效宣告案件优先审查请求，并由国务院相关部门或者省级知识产权局推荐的，当事人应当向专利复审委员会提交复审、无效宣告程序优先审查请求书，并由上述单位签署推荐意见并加盖公章。

符合《专利优先审查管理办法》第4条第（1）项规定情形，由处理、审理涉案专利侵权纠纷的地方知识产权局、法院、仲裁调解组织提出无效宣告案件优先审查请求的，应当向专利复审委员会提交复审、无效宣告程序优先审查请求书，说明理由并加盖公章。

在实质审查或者初步审查程序中已经进行优先审查，由当事人提出复审案件优先审查请求的，应当向专利复审委员会提交复审、无效宣告程序优先审查请求书和相关证明文件。

6. 请求优先审查的复审、无效宣告案件，在什么时间内结案？

请求优先审查的复审、无效宣告案件，经国家知识产权局同意进行优先审查后，自同意之日起，在以下期限内结案：

（1）专利复审案件在7个月内结案；

（2）发明和实用新型专利无效宣告案件在5个月内结案，外观设计专利无效宣告案件在4个月内结案。

7. 对于优先审查的专利复审或无效宣告案件，哪些情形下，专利复审委员会可以停止优先审查程序？

（1）复审请求人延期答复；

（2）优先审查请求获得同意后，无效宣告请求人补充证据和理由；

（3）优先审查请求获得同意后，专利权人以删除以外的方式修改权利要求书；

（4）专利复审或者无效宣告程序被中止；

（5）案件审理依赖于其他案件的审查结论；

（6）疑难案件，并经专利复审委员会主任批准。

第六章　特殊程序

第一节　中　止

1. 请求中止的主体是谁?

（1）权属纠纷的当事人;

（2）对专利申请权或专利权采取财产保全的法院。

2. 什么情况下可以提出中止请求?

地方知识产权局管理部门或者法院受理了专利申请权（或专利权）的权属纠纷,或者法院裁定对专利申请权（或专利权）采取财产保全措施时。

3. 中止的范围是什么?

（1）可以暂停专利申请的初步审查、实质审查、复审、授予专利权和专利权无效宣告程序;

（2）可以暂停视为撤回专利申请、视为放弃取得专利权、未缴纳专利年费终止专利权;

（3）可以暂停办理撤回专利申请、放弃专利权、变更申请人或专利权人的姓名或者名称、转移专利申请权或专利权、专利权质押登记等手续。

4. 办理中止手续需要提交哪些文件?

（1）中止请求书一份;

（2）附具证明文件，即地方知识产权局管理部门或者法院的写明专利申请号或者专利号的有关受理文件正本或副本。

5. 提交中止请求是否需要交费？

在 2010 年 2 月 1 日以后，请求专利局中止有关程序的，适用修改后的专利法实施细则第 93 条和第 99 条的规定，不再缴纳中止程序请求费。

6. 中止的期限一般多长？

（1）因权属纠纷提出中止的，期限一般不超过 1 年；

（2）按照民事裁定书及协助执行通知书写明的财产保全期限中止有关程序。

7. 中止的期限是否可以延长？

因权属纠纷提出的中止程序可以延长一次，期限不得超过 6 个月；符合《专利审查指南 2010》第五部分第七章第 7.3.2.1 节规定的，中止期限可以续展。

8. 中止程序中是否要缴纳专利年费？

为了保证中止程序之后专利权依然有效，应当按时缴纳专利年费。

9. 哪些情形导致中止程序结束？

（1）权属纠纷当事人提出的中止程序：中止期限届满，中止程序结束；中止期限内，凭地方知识管理部门作出的处理决定或法院作出的判决产生法律效力后，中止程序结束；

（2）应法院要求协助执行财产保全的中止程序：中止期限届满，法院没有要求继续保全措施的，中止程序结束；中止期限内，法院送达解除保全通知书，中止程序结束。

10. 因法院要求协助执行财产保全的中止程序中，有轮候保全登记的，该如何处理？

有轮候保全登记的，对轮候登记在先的，自前一保全结束之日起轮候保全开始，中止期限以民事裁定书及协助执行通知书写明的财产保全期限为准。审查员向前一个人民法院和申请人（或专利权人）发出中止程序结束通知书，向轮候登记在先的人民法院和申请人（或专利权人）发出保全程序开始通知书。

第二节　恢　复

1. 专利权利丧失，可以请求恢复吗？

当事人因不可抗拒的事由而延误专利法或者专利法实施细则规定的期限或者国务院专利行政部门指定的期限，导致其权利丧失的，自障碍消除之日起 2 个月内，最迟自期限届满之日起 2 年内，可以向国务院专利行政部门请求恢复权利。

当事人因其他正当理由延误专利法或者专利法实施细则规定的期限或者国务院专利行政部门指定的期限，导致其权利丧失的，可以自收到国务院专利行政部门的通知之日起 2 个月内向国务院专利行政部门请求恢复权利。

（专利法实施细则第 6 条第 1 款、第 2 款）

2. 请求恢复权利的具体情形有哪些？

（1）视为撤回；

（2）视为放弃取得专利权的权利；

（3）专利权终止；

（4）视为未要求优先权；

（5）生物材料样品视为未保藏；

（6）视为未要求不丧失新颖性宽限期。

3. 专利局对哪些期限逾期请求恢复权利不予恢复？

（1）不丧失新颖性的宽限期；

（2）优先权期限；

（3）专利权期限；

（4）侵权诉讼时效。

4. 请求恢复权利需要提交哪些材料？

依照专利法实施细则第 6 条第 1 款的规定请求恢复权利的，当事人应当自障碍消除之日起 2 个月内，最迟自期限届满之日起 2 年内提交恢复权利请求书，说明理由，必要时附具有关证明文件；

依照专利法实施细则第 6 条第 2 款的规定请求恢复权利的，应当自收到专利局或者专利复审委员会的处分决定之日起 2 个月内提交恢复权利请求书，说明理由，并同时缴纳恢复权利请求费。

当事人请求恢复权利的同时，应当在办理权利丧失前办理相应的手续，消除造成权利丧失的原因。

5. 办理恢复手续是否必须用《恢复权利请求书》？

申请人提交信函或意见陈述书表明请求恢复权利的意愿，只要写明申请号（或专利号）并且签字或者盖章符合要求的，可视为合格的恢复权利请求书。

6. 由于邮局、银行的原因导致的权利丧失，如何办理恢复？

先按专利法实施细则第 6 条的规定办理恢复手续，因银行或者邮局责任造成必要缴费信息（如申请号、费用名称等）不完整被退款，当事人提出异议的，以书面形式陈述意见，并附具汇款银行或者邮局出具的加盖公章的证明。该证明至少应当包括：汇款人姓名或者名称、汇款金额、汇款日期、汇款时所提供的申请号（或专利号）、费用名称等内容。同时，当事人应当重新缴纳已被退回的款项。符合上述规定的，原缴费日视为重新缴纳款项的缴费日。申请人可以据此请求退回恢复费。

7. 生物材料样品视为未保藏，如何办理恢复？

按照专利法实施细则第 6 条的规定办理恢复手续，属于生物材料样品未提交保藏或未存活方面的正当理由如下：

（1）保藏单位未能自申请日起 4 个月内作出保藏证明或者存活证明，并出具了证明文件；

（2）提交生物材料样品过程中发生生物材料样品死亡，申请人能够提供证据证明生物材料样品死亡并非申请人的责任。

8. 可以恢复优先权的情形有哪些？

（1）由于未在指定期限内答复办理手续补正通知书导致视为未要求优先权；

（2）要求优先权声明中至少一项内容填写正确，但未在规定的期限内提交在先申请文件副本或者优先权转让证明；

（3）要求优先权声明中至少一项内容填写正确，但未在规定期限内缴纳或者缴足优先权要求费；

（4）分案申请的原申请要求了优先权。

注意：要求本国优先权的，已按照专利法实施细则第 32 条第 3 款规定被视为撤回的在先申请不得因优先权要求的撤回而请求恢复。

9. 因不可抗力造成权利丧失的，恢复的期限如何计算（何时可以提出恢复请求）？

当事人因不可抗拒的事由延误专利法及其实施细则规定的期限或者专利局指定的期限，导致其权利丧失的，适用专利法实施细则第 6 条第 1 款的规定。当事人可以自障碍消除之日起 2 个月内，最迟自期限届满之日起 2 年内，请求恢复权利。请求恢复权利的，需要提交恢复权利请求书，说明理由，附具有关证明文件，同时办理权利丧失前应当办理的相应手续。

10. 办理恢复手续时，什么情况下会有补正的机会？

已在规定期限内提交了书面请求或缴足了恢复权利请求费，但仍不符合规定的。审查员将发出办理手续补正通知书，要求申请人在指定期限（一般为 1 个月，具体以通知书记载的为准）内进行补正。

第七章　事务服务流程

第一节　办理文档查阅复制、副本制作

一、文档的查阅复制

1. 什么是专利申请文档的查阅和复制？

专利申请文档的查阅和复制，是专利局依据请求人权限，以浏览电子文档或复制纸质文档的方式向请求人公开专利局的专利申请案卷的一种服务项目。

2. 什么情况下需要进行查阅复制？

（1）专利申请文档遗失或者通知书未收到，申请人无法查看其内容；

（2）专利申请尚未公布，需要证明发明人身份的；

（3）其他需要进行文档查阅复制的情况。

3. 查阅复制的范围是什么？

查阅复制的范围有专利申请文档及其他相关文件，其中专利申请文档是在专利申请审查程序中以及专利权有效期内逐步形成、并作为原始记录保存起来以备查考的各种文件的集合，包括案卷和电子文档。具体内容如下：

（1）对于公布前的发明专利申请、授权公告前的实用新型和外观设计专利申请，专利申请人或者专利代理人可以查阅和复制

该专利申请案卷中的有关内容。包括申请文件，与申请直接有关的手续文件，以及在初步审查程序中向申请人发出的通知书和决定、申请人对通知书的答复意见正文；

（2）对于已经公布但尚未公告授予专利权的发明专利申请案卷，可以查阅和复制该专利申请案卷中的有关内容，包括申请文件，与申请直接有关的手续文件，公布文件，在初步审查程序中向申请人发出的通知书和决定书、申请人对通知书的答复意见正文，以及在实质审查程序中向申请人发出的通知书、检索报告和决定书；

（3）对于已经公告授予专利权的专利申请案卷，可以查阅和复制的内容包括：申请文件，优先权文件，与申请直接有关的手续文件，发明专利申请单行本，发明专利、实用新型专利和外观设计专利单行本，专利登记簿，专利权评价报告，以及在各已审结的审查程序（包括初步审查、实质审查、复审和无效宣告等）中专利局、专利复审委员会向申请人或者有关当事人发出的通知书、检索报告和决定书、申请人或者有关当事人对通知书的答复意见；

（4）对于处在复审、无效宣告程序中尚未结案的专利申请或者专利案卷，因特殊情况需要查阅和复制的，经有关方面同意后，参照上述（1）和（2）的有关规定查阅和复制专利申请或专利案卷中进入当前程序以前的内容。

4. 专利申请文档的查阅方式有几种？

通过中国及多国专利审查信息查询系统（申请日为 2010 年 2 月 10 日之后）、专利审查流程服务窗口或代办处服务窗口、专利事务服务系统查阅、专利局政府网站专利公告、专利复审委员会无效决定公布等。

5. 专利申请文档的复制方式有哪几种？

（1）普通专利申请文档的复制：该种复制方式提供的相关文件只包括专利申请文档中的文件复制副本，只能复制无法通过查询系统或公告系统查阅的文档；

（2）以证明方式对专利申请文档的复制：该种复制方式提供的相关文件由证明页和专利申请文档中的文件复制副本组成，由专利局或者指定代办处加盖证明专用章。

6. 请求人可以通过哪些方式办理专利申请文档查阅复制？

请求人可以通过面交或寄交的方式，向专利局专利事务服务处或指定代办处请求办理专利申请文档查阅复制。

请求人也可以通过专利事务服务系统直接请求办理专利申请文档查阅复制，无须再提交纸质材料。

7. 专利申请文档查阅复制需提交哪些材料？

（1）《专利文档查阅复制请求书》一份；

（2）申请人身份证明文件。

8. 办理文档查阅复制需要缴纳费用吗？

不是以证明方式出具的文档不需要缴纳任何费用，以证明方式出具的需缴纳专利文件副本证明费 30 元/份。

二、副本制作

（一）专利登记簿副本制作

1. 什么是专利登记簿副本？

专利登记簿副本是依据专利登记簿电子数据出具的证明文件，是记载专利即时法律状态的法律文书，是最权威的专利法律状态证明文件。

2. 什么情况下制作专利登记簿副本？

（1）因专利权发生转移，受让人需要证明其身份；

（2）查询该专利的法律状态；

（3）其他需要制作登记簿副本的情形。

3. 登记簿副本记载哪些内容？

专利登记簿副本登记的内容包括：专利权的授予，专利申请权、专利权的转移，保密专利的解密，专利权的无效宣告，专利权的终止，专利权的恢复，专利权的质押、保全及其解除，专利实施许可合同的备案，专利实施的强制许可以及专利权人姓名或者名称、国籍、地址的变更。

4. 登记簿副本有何效力？

授予专利权时，专利登记簿副本与专利证书上记载的内容是一致的，在法律上具有同等效力；专利权授予之后，专利的法律状态的变更仅在专利登记簿副本上记载，由此导致专利登记簿副本与专利证书上记载的内容不一致的，以专利登记簿副本上记载的法律状态为准。

5. 请求人可以通过哪些方式请求制作登记簿副本？

请求人可以通过面交或寄交的方式，向专利局专利事务服务处或指定代办处请求制作登记簿副本。

请求人也可以通过专利事务服务系统直接请求办理制作登记簿副本，无须再提交纸质材料。

6. 请求制作登记簿副本需要提交哪些材料？

提交经签字或盖章的《办理文件副本请求书》一份。

7. 什么情形下请求办理批量专利（申请）法律状态证明？

专利权人在企业重组、企业 IPO 上市等过程中，需要对所拥有的大量专利或专利申请办理专利登记簿副本。

8. 批量专利法律状态证明和批量专利申请法律状态证明有何区别？

主要区别在于是否涉及尚未授权的专利申请的法律状态。

9. 办理批量专利法律状态证明需要提交哪些材料？

本证明用于证明专利法律状态，即全部专利已经获得授权，社会公众均可请求办理。

（1）批量专利申请或专利法律状态证明业务单一份；

（2）经签字或盖章的《办理证明文件请求书》一份（将列表第一个专利号填至上述专利号空格，并注明专利具体数量），也可逐份提交请求书；

（3）专利号纸件清单和电子清单各一份，清单仅含专利号即可；

（4）经办人身份证复印件。

10. 办理批量专利申请法律状态证明需要提交哪些材料？

本证明用于证明专利以及专利申请的法律状态，即请求中含有未授权申请，因此仅对专利申请人出具。

（1）批量专利申请或专利法律状态证明业务单一份；

（2）经签字或盖章的《办理证明文件请求书》一份（将列表第一个专利号填至上述专利号空格，并注明专利具体数量），也可逐份提交请求书；

（3）专利号纸件清单和电子清单各一份，清单仅含专利号即可；

（4）申请人身份证明材料。申请人为个人的，需身份证复印件；申请人为单位的，需加盖公章的企业营业执照或组织机构代码证复印件。委托关系证明材料包含：委托双方签字盖章的介绍信或委托书原件、被委托人的身份证明。

11. 办理登记簿副本和批量法律状态证明需要缴纳费用吗？

需要。办理一份登记簿副本收取 30 元，办理两份收取 60 元，以此类推。办理一份批量专利法律状态证明（含 N 个申请号或者专利号）收取 30 元，办理两份收取 60 元，以此类推。

（二）优先权文件副本（在先申请文件副本）制作

1. 什么是优先权文件副本（在先申请文件副本）？

优先权文件副本是指专利局作为受理机构，对在中国提出的专利申请出具的一种证明文件，该证明文件用于确定在后申请是否享有优先权。

2. 谁可以提出制作优先权文件副本（在先申请文件副本）？

仅限于专利申请人或其委托的代理机构。

3. 申请人何时提出制作优先权文件副本（在先申请文件副本）？

申请人向专利局提交专利申请并获得申请日和申请号之后，可以提出办理该专利申请的优先权副本请求。

4. 代办处可以受理哪些优先权文件副本（在先申请文件副本）制作请求？

代办处受理发明专利申请、实用新型专利申请和显示黑白图片或照片的外观设计专利申请的纸质优先权文件副本办理请求。

需要显示彩色图片或照片的外观设计专利申请的优先权文件

副本需要由专利局制作。

5. 请求人可以通过哪些方式办理优先权文件副本（在先申请文件副本）？

请求人可以通过面交或寄交方式向专利局专利事务服务处或指定代办处提出办理优先权文件副本（在先申请文件副本）。

请求人也可以通过专利事务服务系统直接请求办理优先权文件副本，无须再提交纸质材料。

6. 办理优先权文件副本（在先申请文件副本）需要提交哪些材料？

（1）办理文件副本请求书一份；

（2）申请人身份证明；

（3）委托他人办理的，提供委托关系证明和被委托人身份证明。

7. 办理优先权文件副本（在先申请文件副本）需要缴纳费用吗？

需要。1个申请号办理一份在先申请文件副本收取 30 元，办理两份收取 60 元，以此类推。

第二节　专利申请优先审查

1. 只有发明专利才能提出优先审查请求吗？

不是。符合条件的实用新型和外观设计专利申请都可以提出优先审查请求。

2. 哪些领域的专利申请可以请求优先审查？

（1）涉及节能环保、新一代信息技术、生物、高端装备制造、新能源、新材料、新能源汽车、智能制造等国家重点发展产业；

（2）涉及各省级和设区的市级人民政府重点鼓励的产业；

（3）涉及互联网、大数据、云计算等领域且技术或者产品更新速度快；

（4）专利申请人已经做好实施准备或者已经开始实施，或者有证据证明他人正在实施其发明创造；

（5）就相同主题首次在中国提出专利申请又向其他国家或者地区提出申请的该中国首次申请；

（6）其他对国家利益或者公共利益具有重大意义需要优先审查的领域。

3. 通过纸件方式提交的专利申请可以请求优先审查吗？

不可以。优先审查仅限于电子申请。

4. 请求人在什么时间内提出专利申请优先审查请求？

发明专利申请在进入实质审查阶段后可以提出优先审查请求。实用新型、外观设计专利申请在提出申请并足额缴纳申请费后可提出优先审查请求。

5. 申请人办理专利申请优先审查手续的，应当提交哪些材料？

申请人提出发明、实用新型、外观设计专利申请优先审查请求的，应当提交优先审查请求书、现有技术或者现有设计信息材料和相关证明文件。

6. 请求人以何种方式提交优先审查请求材料？

请求人可以将优先审查请求材料面交或寄交至专利局专利事务服务处或指定代办处。

7. 优先审查的指标如何确定?

每年度可以对多少件专利申请进行优先审查,由国家知识产权局根据不同专业技术领域的审查能力、上一年度专利授权量以及本年度待审案件数量等情况确定。

8. PCT 国际申请阶段的检索报告是否能作为现有技术或现有设计信息材料?

PCT 国际申请阶段的检索报告可以作为现有技术或现有设计信息材料。

9. 对于优先审查的专利申请,在哪些情形下,专利局可以停止优先审查程序,按普通程序处理?

(1)优先审查请求获得同意后,申请人根据专利法实施细则第 51 条第 1 款、第 2 款对申请文件提出修改;

(2)申请人答复期限超过《专利优先审查管理办法》第 11 条规定的期限;

(3)申请人提交虚假材料;

(4)在审查过程中发现为非正常专利申请。

10. 对于已经办理优先审查手续的,多久才会有审查结果?

专利局同意进行优先审查的,自同意之日起,在以下期限内结案:

(1)发明专利申请在 45 日内发出第一次审查意见通知书,并在 1 年内结案;

(2)实用新型和外观设计专利申请在 2 个月内结案。

11. 优先审查后发出的审查意见通知书，请求人在什么期限内进行答复？

对于优先审查的专利申请，申请人应当尽快作出答复或者补正。申请人答复发明专利审查意见通知书的期限为通知书发文日起 2 个月，申请人答复实用新型和外观设计专利审查意见通知书的期限为通知书发文日起 15 日。

12. 本案的代理机构可以为其代理的专利申请提出优先审查请求吗？

可以。作为本案的代理机构可以代为办理优先审查请求。

13. 代理机构可以为其代理的专利申请提供相关证明文件吗？

不可以。必须由专利申请人提供经签章的证明文件。

14. 提交优先审查必须提交专利局或有检索资质的单位出具的检索报告吗？

不需要。专利申请人提交最接近现有技术或现有设计的文献即可。

15. 优先审查请求需要缴纳费用吗？

优先审查不收取任何费用。

16. 专利申请优先审查请求中相关证明材料包括哪些？

相关证明文件主要按照申请人优先审查申报理由提出相应的证明即可。

17. 哪种专利申请的优先审查不需要经过省级知识产权局审核意见？

符合《专利优先审查管理办法》第3条中"就相同主题首次在中国提出专利申请又向其他国家或者地区提出申请的该中国首次申请"条件，无须经过省级知识产权局签发审核意见，材料齐全的直接寄往专利局专利事务服务处或代办处办理即可。

第三节　专利实施许可合同备案、专利权质押登记

一、专利实施许可合同备案

1. 什么是专利实施许可合同备案？

专利实施许可合同是指专利权人或者得到专利权人授权的人作为许可人，允许被许可人在约定的范围内实施专利，被许可人支付约定的使用费所订立的合同，被许可人在合同生效后，可以在约定的地区、期限内以约定的方式实施专利技术。

专利实施许可合同备案是指专利局或者受其委托的部门，对当事人已经缔结并生效的专利实施许可合同加以备案，并对外公示的行为。

2. 专利实施许可的类型有哪些？

（1）独占实施许可：被许可方在合同约定的时间和地域范围内，独占性拥有许可方专利使用权，排斥包括许可方在内的一切人使用供方技术的一种许可。即A许可给B，只有B能使用。

（2）排他实施许可：许可方允许被许可方在约定的范围内独家实施其专利，而不再许可任何第三方在该范围内使用该专利，但许可方仍保留自己在该范围内实施该专利的权利。即A许可给

B，A、B 都可以使用。

（3）普通实施许可：许可方许可被许可方在规定范围内使用专利，同时保留自己在该范围内使用该专利以及许可被许可方以外的他人实施该专利的许可方式。即 A 许可给多人，A 和被许可人均可使用。

3. 申请备案专利实施许可合同一定要以书面方式进行吗？

是，应当以书面方式进行。

4. 当事人在什么时间内请求办理专利实施许可合同备案手续？

当事人应当自专利实施许可合同生效之日起 3 个月内办理备案手续。超过 3 个月未办理备案手续的，当事人应当提交合同继续有效声明。

5. 当事人可以通过哪些方式办理专利实施许可合同备案？

当事人可以通过面交、邮寄的方式，向专利局或指定代办处请求办理专利实施许可合同备案手续。

6. 当事人办理专利实施许可合同备案的，应当提交哪些文件？

（1）许可人或者其委托的专利代理机构签字或者盖章的专利实施许可合同备案申请表一份；

（2）专利实施许可合同一份；

（3）双方当事人的身份证明材料；

（4）双方共同委托书及被委托人身份证复印件；

（5）其他需要提交的相关材料。

7. 专利实施许可合同备案材料提交多久可以知道是否合格？

提交备案申请之日起 7 个工作日内经审查可以得知是否予以

备案。

8. 不予备案的情形有哪些？

（1）专利权已经终止或者被宣告无效的；

（2）许可人不是专利登记簿记载的专利权人或者有权授予许可的其他权利人；

（3）符合《专利实施许可合同备案办法》第9条规定的；

（4）实施许可的期限超过专利权有效期的；

（5）共有专利权人违反法律规定或者约定订立实施许可合同的；

（6）专利权处于年费缴纳滞纳期的；

（7）因专利权的归属发生纠纷或者法院裁定对专利权采取保全措施，专利权的有关程序被中止的；

（8）同一专利实施许可重复申请备案的；

（9）专利权被质押的，但经质权人同意的除外；

（10）与已经备案的专利实施许可合同冲突的；

（11）其他不应当予以备案的情形。

9. 备案的专利实施许可合同有关内容，会在专利公报上公告吗？公告哪些内容？

专利实施许可合同备案的有关内容会由专利局在专利登记簿上登记，并在专利公报上公告，公告的内容有：许可人、被许可人、主分类号、专利号、申请日、授权公告日、实施许可的种类、备案日期。

10. 以专利申请进行了专利实施许可备案，备案后专利申请授权了怎么办？专利申请被驳回、撤回或者视为撤回的，怎么办？

当事人以专利申请实施许可合同申请备案的，专利申请被批准授予专利权后，当事人应当及时将专利申请实施许可合同名称及有关条款作相应变更；专利申请被驳回、撤回或者视为撤回的，当事人应当及时办理备案注销手续。

11. 专利实施许可合同备案完成后，专利权被宣告无效了怎么办？

经备案的专利实施许可合同涉及的专利权被宣告无效的，当事人应当及时办理备案注销手续。

12. 在中国没有经常居所或者营业所的外国人、外国企业或者外国其他组织怎样办理备案相关手续？

应当委托依法设立的专利代理机构办理。

13. 专利实施许可合同继续有效声明需要注意哪几点？

合同继续有效声明应注意写明以下情况：

（1）双方何时签订的专利实施许可合同，写明专利号和专利名称；

（2）由于什么原因未在 3 个月内备案；

（3）声明该合同继续有效；

（4）声明未办理期间的法律责任自负。

二、专利权质押登记

1. 什么是专利权质押登记？

专利权质押，指为担保债权的实现，由债务人或第三人将其专利权中的财产权设定质权，在债务人不履行债务时，债权人有权依法就该出质专利权中财产权的变价款优先受偿的担保方式。

专利权质押登记，指以专利权出质的，出质人与质权人应当订立书面合同，并向专利局办理专利权质押登记手续，质权自专利权质押登记之日起设立。

2. 专利权质押登记一定要以书面形式进行吗？

是。以专利权出质的，出质人和质权人应当订立书面质押合同。质押合同可以是单独订立的合同，也可以是主合同中的担保条款。

3. 专利权质押登记的出质人一定是全部专利权人吗？

以共有的专利出质的，应当取得其他共有人的同意。

4. 当事人可以通过哪些方式办理专利权质押登记？

当事人可以通过面交、邮寄至专利局或代办处办理专利权质押登记相关手续。

5. 当事人办理专利权质押登记的，应当提交哪些文件？

（1）出质人和质权人共同签字或者盖章的专利权质押登记申请表；

（2）专利权质押合同；

（3）双方当事人的身份证明；

（4）委托书及被委托人身份证复印件；

（5）其他需要提交的相关材料。例如：专利权经过资产评估的，当事人还应当提交资产评估报告；实用新型存在同日申请的，当事人还应当提交同日申请情况的声明。

6. 专利权质押登记提交多久可以知道是否合格？

自收到专利权质押登记申请文件之日起 7 个工作日内进行审查并决定是否予以登记。

7. 专利权质押登记成功，会有什么证明材料？

专利权质押登记申请经审查合格的，由专利局在专利登记簿上予以登记，并向当事人发送《专利权质押登记通知书》。

8. 当事人进行专利权质押登记，质权什么时候设立？

质权自在专利局登记时设立。

9. 不予登记的情形有哪些？

（1）出质人与专利登记簿记载的专利权人不一致的；

（2）专利权已终止或者已被宣告无效的；

（3）专利申请尚未被授予专利权的；

（4）专利权处于年费缴纳滞纳期的；

（5）专利权已被启动无效宣告程序的；

（6）因专利权的归属发生纠纷或者法院裁定对专利权采取保全措施，专利权的质押手续被暂停办理的；

（7）债务人履行债务期限超过专利权有效期的；

（8）质押合同约定在债务履行期届满质权人未受清偿时，专利权归质权人所有的；

（9）质押合同不符合《专利权质押登记办法》第9条规定的；

（10）以共有专利权出质但未取得全体共有人同意的；

（11）专利权已被申请质押登记且处于质押期间的；

（12）其他不予登记的情形。

10. 专利权质押期间，当事人的姓名或者名称、地址、被担保的主债权种类及数额或者质押担保的范围发生变更的，应该怎么办？

当事人应持变更协议和其他有关文件，向专利局或指定代办处办理专利权质押登记变更手续。

11. 当事人遇到哪些情形应当办理专利权质押登记注销手续？

（1）债务人按期履行债务或者出质人提前清偿所担保的债务的；

（2）质权已经实现的；质权人放弃质权的；

（3）因主合同无效、被撤销致使合同无效、被撤销的；

（4）法律规定质权消灭的其他情形的。

12. 专利局在专利公报上公告专利权质押登记的哪些内容？

专利权质押登记的内容包括：出质人、质权人、主分类号、专利号、授权公告日、质押登记日等。

13. 专利权质押期间，出质人想转让或者许可专利的，应该怎么办？

出质人应当提交质权人同意转让或者同意向外许可的证明材料办理相关手续。

出质人转让或者许可他人实施出质的专利权的，出质人所得转让费、许可费应当向质权人提前清偿债务或者提存。

14. 在中国没有经常居所或者营业所的外国人、外国企业或者外国其他组织怎样办理专利权质押登记相关手续？

应当委托依法设立的专利代理机构办理。

第四节　专利通知书发文

1. 代办处通知书发文的种类有哪些？

代办处通知书发文主要包括：（1）纸件申请受理、审查和授权阶段的部分通知书；（2）电子申请受理、授权阶段的通知书纸件副本；（3）通过网上请求的电子申请通知书纸件副本。

代办处发出的通知书，不包括复审和无效宣告阶段通知书、实用新型专利检索报告、实用新型和外观设计专利权评价报告、电子申请注册请求审批通知书。

注：代办处本地发放纸件通知书业务，是专利局近年来在代办处不断拓展的重要职能之一，代办处发放的具体通知书类型会随着工作的需要有所调整，申请人应当及时关注代办处网站的最新介绍。

2. 代办处通知书发文的方式有哪些？

代办处通知书本地发文业务包括长期自取业务和临时自取业务两类。

长期自取：对于开通通知书自取业务的专利代理机构，代办处以直接送交的方式将纸件申请受理、审查和授权阶段的通知书，电子申请受理、授权阶段的通知书纸件副本，以及通过网上请求的电子申请通知书纸件副本，按照自取协议的约定，交付给专利代理机构。

临时自取：未开通长期自取业务的当事人，如果需要通知书纸件副本，可以向代办处提出书面请求，代办处根据请求以直接送交的方式，发出通知书纸件副本。

3. 哪些情况可至代办处办理长期自取？
（1）代理机构或申请人申请量较大；
（2）有专人按时到代办处领取通知书。

4. 代理机构如果想要在代办处办理通知书长期自取手续，应提供哪些材料？

代理机构应提供的文件包括：经代理机构签章的《审查业务

信件自取承诺书》一式两份，"代理机构收文专用章"备案请求书，以及委托取件人取件的委托书、取件人身份证复印件等。

5. 哪些情况可至代办处办理临时自取？

通知书临时自取仅限于电子申请通知书纸件副本。

（1）代理机构或申请人业务量较少，只根据个案的需要到代办处自取通知书；

（2）代理机构或申请人业务量较多，但又无法定时到代办处自取通知书。

6. 办理通知书临时自取需要提供哪些材料？

临时自取登记表、委托书及被委托人的身份证复印件。

7. 什么情况下可至代办处请求通知书副本重发？副本重发须提交哪些材料？

在代办处领取的通知书因意外遗失等正当事由，可请求通知书副本重发。代办处审核材料合格后，会根据请求人的请求重新打印通知书，并加盖副本章。

请求人应提交重发通知书副本请求书，并加盖单位公章。

第五节　著录项目变更

1. 什么是著录项目？

著录项目是指专利审批过程中记录的与专利申请及专利权有关的事项，包括以当事人填写内容记录的事项和在审批过程中形成的记录事项。

2. 什么是著录项目变更？

著录项目变更是指应当事人请求，专利局依当事人填写内容记录的著录事项进行的变更。

3. 哪些项目可以作变更？

（1）发明人或设计人事项（姓名、第一发明人国籍及身份证号码、英文信息）；

（2）申请人或者专利权人事项（申请人或专利权人姓名或名称、国籍或者注册的国家或地区、个人的身份证件号码或单位的统一社会信用代码、地址、邮政编码、电话号码、电子邮箱、英文信息）；

（3）联系人事项（联系人姓名、地址、邮政编码、电话号码、电子邮箱）；

（4）专利代理事项（专利代理机构名称、地址、邮政编码、专利代理人姓名、工作证号码、电话号码）；

（5）代表人等。

4. 谁可以提出著录项目变更？

未委托专利代理机构的，著录项目变更手续应当由申请人（或专利权人）办理；已委托专利代理机构的，应当由专利代理机构办理。

5. 发明创造名称的变更，也是通过著录项目变更进行吗？

不是。申请人对发明创造名称进行修改的，应当通过意见陈述书或者补正书的方式提出修改请求，且应当在专利被授权前办理。

6. 发明人填写错误，怎么办？

（1）因发明人姓名书写错误请求变更的，应提交著录项目变更申报书、被错写者本人签章的声明及其身份证明文件复印件。

书写错误指同音字、错别字等，不包括错报。在提交变更请求后1个月内，缴纳变更费200元。

（2）因漏报、错报发明人请求变更的，应提交著录项目变更申报书、全体申请人（或专利权人）和变更前全体发明人签章的证明文件。在提交变更请求后1个月内，缴纳变更费200元。

注意：发明人是指对发明创造的实质性特点作出创造性贡献的人，发明人具有署名权。因发明人填写错误所进行的变更，事实上是对发明人的更正，当事人不得因相互协商、专利申请权（或专利权）转移等情况而改变真实发明人的客观事实，发明人的变更应当以作出发明创造时的客观事实为依据。

7. 改变发明人（或申请人）的顺序该如何办理？

（1）要改变发明人的顺序，需要提交著录项目变更申报书、由全体发明人和申请人（或专利权人）签章的同意变更发明人顺序的声明。在提交变更请求后1个月内，缴纳变更费200元；

（2）要改变申请人的顺序，可以只提交由全体申请人签字的著录项目变更申报书。在提交变更请求后1个月内，缴纳变更费200元。

8. 申请人（或专利权人）姓名书写错误，怎么办？

书写错误指同音字、错别字等。申请人（或专利权人）因姓名书写错误而请求变更的，应提交著录项目变更申报书、本人签章的声明以及身份证明文件复印件。

当事人提交意见陈述书、补正书、信函等文件中明确表示错误填写了个人姓名请求变更的，如果变更后的内容清楚、完整，且有当事人签章以及身份证明文件复印件的，也视为合格。

因申请人或代理机构错填了申请人姓名或名称，应提交著录项目变更申报书及由全体实际申请人签章的更正声明，同时附具申请人身份证明材料复印件并加盖申请人签章。

9. 企业在申请专利后，名称发生了更改，怎么办？

应提交著录项目变更申报书，以及工商行政管理部门出具的证明文件。证明文件中应包含企业名称变更前、变更后的内容，并缴纳变更费 200 元。

申请人提交的证明文件应当为原件或经过公证的复印件。申请人提交多件专利申请的，建议在专利局办理证明文件备案手续。

10. 企业在申请专利后，如何办理申请权或专利权转让手续？

申请人或专利权人办理转让手续的，应提交著录项目变更申报书及转让协议等相应的证明文件，缴纳变更费 200 元。

11. 申请人（或专利权人）地址需要变更，如何办理？

申请人（或专利权人）地址的变更应提交著录项目变更申报书进行办理。未委托代理机构的，申请人（或专利权人）提交意见陈述书、补正书、信函等文件明确表示变更申请人地址，且变更后地址清楚、完整，有申请人（或专利权人）签章的，也视为合格。

申请人（或专利权人）地址变更不需缴纳变更费用。变更前地址可不填写，如填写，省、市应与案件记载一致；变更后的地址应清楚、完整，否则按变更后的地址发出视为未提出通知书，变更后的地址仅填写省、市内容的，按案件中记载的地址发出视为未提出通知书。

申请人（或专利权人）为中国内地的单位，或者在中国内地有经常营业所的外国企业或者外国其他组织地址变更为境外地址的，符合地址变更规定的，予以变更。

12. 联系人事项（姓名、地址、邮政编码、电话号码、电子邮箱）需要变更，如何办理？

可以提交著录项目变更申报书进行办理。

提交的意见陈述书、补正书、信函等文件中明确表示变更联系人事项且变更后内容清楚、完整，并且有申请人（或专利权人）签章的，也视为合格。联系人事项变更无须缴纳变更费。

13. 专利代理事项需要变更，如何办理？

（1）申请人提出专利申请时未委托专利代理机构而在审查过程中委托的，需提交著录项目变更申报书、专利代理委托书；

（2）专利代理机构不变，仅变更代理人的，应提交专利代理机构签章的著录项目变更申报书；

（3）申请人在提出专利申请时已委托专利代理机构，但在审查过程中申请人解除委托的，应提交全体申请人（或专利权人）签字或者盖章的著录项目变更申报书，并附具全体申请人（或专利权人）签字盖章的解聘书，或者仅提交由全体申请人（或专利权人）签字或者盖章的著录项目变更申报书，申请人如果是单位，解除委托时，还应添加联系人信息。

14. 代表人的变更，如何办理？

请求变更代表人的，应提交全体申请人（或专利权人）签章的声明，或者仅提交由全体申请人（或专利权人）签章的著录项目变更申报书；变更后代表人只能填写一人，且应为申请人（或专利权人）之一。代表人的变更不需缴纳变更费。

提交的意见陈述书、补正书、信函等文件中声明改变代表人的，并且有全体申请人（或专利权人）签章的，也视为合格。

15. 连续变更申请人或专利权人姓名或名称的，手续如何办理？

一件专利申请（专利），申请人或专利权人姓名或名称在一次著录项目变更申报手续中发生连续变更的，应当分别编辑著录项目变更申报书，并一次提交，视为一次变更，只需缴纳 200 元变更费。

16. 在著录项目变更申报书的填写中，常出现的错误有哪些？申请人应注意什么？

（1）变更类型填写错误（如转让错填为更名、转让错填为其他等）；

（2）变更后申请人的名称及地址填写不完整（如申请人地址中缺少省市信息）；

（3）发明人变更中错误填写"不公开标记"；

（4）代理人姓名填写错误；

（5）电子申请用户名称及代码选择错误（如未填写变更后申请人或专利代理机构的用户名称及代码）；

（6）专利权转移之后的受让人为单位且未委托代理机构的情况下未填写联系人信息等。

申请人应当格外重视申报书填写的细节，并熟练掌握电子申请的著录项目变更申报书填写规则。

第八章　专利收费减缴备案

1. 哪些申请人可以享受费减政策？

（1）上年度月均收入低于3500元（年4.2万元）的个人；

（2）以及上年度企业应纳税所得额低于30万元的企业；

（3）事业单位、社会团体、非营利性科研机构。

2. 哪些费用可以减缴？

（1）申请费（不包括公布印刷费、申请附加费）；

（2）发明专利申请实质审查费；

（3）年费（自授予专利权当年起6年内的年费）；

（4）复审费。

3. 费用减缴的比例是多少？

专利申请人或者专利权人为一个个人或者单位的，减缴比例为85%。

两个或者两个以上的个人或者单位为共同专利申请人或者共有专利权人的，减缴比例为70%。

4. 申请人或专利权人享受费减政策的步骤是什么？

（1）符合费减备案条件的，提出费减备案请求，获得费减备案号；

（2）在提出专利申请时，只需在请求书中勾选"请求费减且已完成费减资格备案"并正确填写费减备案号，由系统自动与费减备案信息进行匹配校对，如匹配成功，则可按规定享受相关费用减缴。

在专利申请提出后，只能请求减缴尚未到期的费用，在相关费用缴纳期限届满日两个半月之前向专利局提交费用减缴请求书（申请日后提交适用），按规定享受相关费用的减缴。

5. 申请人或专利权人何时办理费减备案？

申请人或专利权人在每年的任何时期都可以提交本年度的费减备案请求，在每年的最后一个季度（自 10 月 1 日起）还可以进行下一年度的费减备案请求。

6. 费减备案的办理流程是怎样的？

（1）申请人或专利权人通过专利事务服务系统在线填写费减备案信息；

（2）选择审核机构，并向该机构提交费减备案证明纸件材料；

（3）经审核合格后获得费减备案号，在一个自然年内有效。

7. 费减备案用户有哪几类？分别如何登录专利事务服务系统？

（1）费减业务用户（社会公众用户）账号在社会公众注册成功后，可直接进入系统办理业务；

（2）专利事务业务用户（纸件申请用户）账号，上传注册规定的身份证明材料扫描件，经审批合格后成为系统的纸件申请注册用户后，方可进入系统办理业务；

（3）专利电子申请用户，使用电子申请的注册名和密码直接登录系统办理业务。

8. 是否必须本人办理费减备案？可否代办？

不是，费减备案可以交由有专利事务服务系统账号的代理机构或者其他个人提交。

9. 个人在专利事务服务系统提交费减备案请求后，还需要提交哪些证明材料？

提交身份证明文件及所在单位出具的年度收入证明，无固定工作的，提交由户籍所在地或者经常居住地县级民政部门或者乡镇人民政府（街道办事处）或者居委会或村委会出具的关于其经济困难情况证明；未参加工作的学生可以提供学校出具的其是在校学生的证明文件。

10. 单位在专利事务服务系统提交费减备案请求后，还需要提交哪些证明材料？

（1）企业请求减缴专利收费的，应当提交申请备案时填写的企业三证合一的营业执照复印件或者组织机构代码证复印件，以及加盖费减请求人公章的上年度企业所得税年度纳税申报表复印件，在汇算清缴期内，企业提交上上年度企业所得税年度纳税申报表复印件；

（2）事业单位、社会团体、非营利性科研机构请求减缴专利收费的，应当提交法人证明文件复印件。

11. 提交纸件证明材料的方式是什么？

在专利事务服务系统提交费减备案请求之后，请求人应当在规定的期限内将相关证明材料邮寄或面交至选定的审核机构进行审核。

12. 费减备案审批结论为不合格后，还能再提交费减备案请求吗？

（1）如个人年收入超过 4.2 万元或企业上一年度应纳税所得

额超过 30 万元等不符合费减条件，导致的费减备案审批结论为不合格，不能再次提出费减备案请求；

（2）如未在规定期限内提交证明材料、备案信息填写错误等原因，导致费减备案审批结论不合格的，可以按要求更正后再次提交费减备案请求。

第九章　专利收费

第一节　专利费用概述

1. 专利收费标准是多少?❶

（1）发明专利

申请费 900 元，公布印刷费 50 元，实质审查费 2500 元，优先权要求费 80 元/项，权利要求 10 项以上，每项加收权利要求附加费 150 元，说明书 30 页以上，每页加收说明书附加费 50 元，300 页以上，每页加收说明书附加费 100 元。

登记费 200 元，公告印刷费 50 元，印花税 5 元，年费 1～3 年 900 元/年，4～6 年 1200 元/年，7～9 年 2000 元/年，10～12 年 4000 元/年，13～15 年 6000 元/年，16～20 年 8000 元/年。

复审费 1000 元，恢复权利请求费 1000 元，无效宣告请求费 3000 元，第一次延长期限请求费 300 元/月，再次延长期限请求费 2000 元/月。发明人、申请人、专利权人变更费 200 元，专利代理机构、代理人委托关系变更费 50 元。

专利文件副本证明费 30 元/份。

（2）实用新型及外观设计专利

申请费 500 元，优先权要求费 80 元/项，权利要求 10 项以上，每项加收权利要求附加费 150 元，说明书 30 页以上，每页加

---

❶ 可参考本书附录三。

收说明书附加费 50 元；300 页以上，每页加收说明书附加费 100 元。

登记费 150 元，公告印刷费 50 元，印花税 5 元，年费 1～3 年 600 元/年，4～5 年 900 元/年，6～8 年 1200 元/年，9～10 年 2000 元/年。

复审费 300 元，恢复权利请求费 1000 元，无效宣告请求费 1500 元，第一次延长期限请求费 300 元/月，再次延长期限请求费 2000 元/月。发明人、申请人、专利权人变更费 200 元，专利代理机构、代理人委托关系变更费 50 元，专利权评价报告请求费 2400 元。

专利文件副本证明费 30 元/份。

2. 费用缴纳的期限是多久？

（1）申请费的缴纳期限是自申请日起 2 个月内或者自收到受理通知书之日起 15 日内。（优先权要求费和申请附加费以及发明专利申请的公布印刷费同上）

（2）实质审查费的缴纳期限是自申请日（有优先权要求的，自最早的优先权日）起 3 年内。

（3）延长期限请求费的缴纳期限是在相应期限届满之日前。

（4）恢复权利请求费的缴纳期限是自当事人收到专利局确认权利丧失通知之日起 2 个月内。

（5）复审费的缴纳期限是自申请人收到专利局作出的驳回决定之日起 3 个月内。

（6）专利登记费、授权当年的年费以及公告印刷费的缴纳期限是自申请人收到专利局作出的授予专利权通知书和办理登记手续通知书之日起 2 个月内。

（7）年费及滞纳金期限：授予专利权当年的年费应当在办理登记手续的同时缴纳，以后的年费应当在上一专利年度期满前缴纳。缴费期限届满日是申请日在该年的相应日（每年在申请日前缴纳年费）。专利权人未按时缴纳年费或者缴纳数额不足的，可以在年费期满之日起 6 个月内补缴，补缴时间不足 1 个月的，不缴纳滞纳金。补缴时间超过规定时间 1 个月以上的按照下述计算方法缴纳滞纳金：

①超过规定期限 1 个月（不含一整月）至 2 个月（含二个整月）的，缴纳数额为全额年费的 5%。

②超过规定期限 2 个月至 3 个月（含三个整月）的，缴纳数额为全额年费的 10%。

③超过规定期限 3 个月至 4 个月（含四个整月）的，缴纳数额为全额年费的 15%。

④超过规定期限 4 个月至 5 个月（含五个整月）的，缴纳数额为全额年费的 20%。

⑤超过规定期限 5 个月至 6 个月的，缴纳数额为全额年费的 25%。

（8）著录事项变更费、专利权评价报告请求费、无效宣告请求费的缴纳期限是自提出相应请求之日起 1 个月内。

3. 什么是"授予专利权当年"和"专利年度"？

（1）授予专利权当年：是指专利申请在第 N 年度授权，第 N 年即为授权当年，以办理登记手续通知书中所注明的为准。例如，一件专利申请的办理登记手续通知书中要求缴纳第三年度的年费，即表示该专利申请的"授权当年"为第三年。

（2）专利年度：是指该专利自申请日起每满一年为一个专利年度。例如，一件专利申请的申请日为 2016 年 6 月 1 日，则自该日起至 2017 年 5 月 31 日为该案的第一年度，自 2017 年 6 月 1 日至 2018 年 5 月 31 日为该案的第二年度……以此类推。

4. 专利缴费方式有哪些?

专利缴费方式包括面交、寄交和电子申请用户网上缴费三种。

面交可用现金、银联银行卡、同城转账支票或银行汇票缴费。

寄交可通过银行转账或邮政汇款缴费。

电子申请用户,可以通过登录中国专利电子申请网(ht-tp://cponline.sipo.gov.cn)使用网上缴费系统缴纳专利费用。其中个人用户可使用银行卡支付方式,专利代理机构和企事业单位用户可以使用对公账户支付方式。

5. 缴费日如何确定?

向专利局或专利局代办处面交专利费用的,缴费当日即为缴费日。

以邮局汇付方式缴纳费用的,以邮局汇出的邮戳日为缴费日。

以银行汇付方式缴纳费用的,以银行实际汇出日为缴费日。

网上缴费的缴费日以网上缴费系统收到的银联在线支付平台反馈的实际支付时间所对应的日期来确定。

其中:邮局或银行汇款时缴费信息不完整的,以收到完整缴费信息(如需缴纳费用的专利号、每个专利号对应的费用金额等)日为缴费日。

6. 专利缴费时需要提供哪些缴费信息?

缴费时需提供 9 位或 13 位的申请号或专利号、费用名称(或简称)以及分项金额。未写明申请号或专利号及费用名称的视为未办理缴费手续。

7. 专利缴费提供发票吗？可以报销吗？

专利缴费统一提供由财政部印制的国家知识产权局专利收费收据，该收据可以报销。

8. 专利收费收据的抬头是怎么确定的？

（1）窗口面交现金和刷卡缴费的，依据缴费人在缴费清单上填写的收据抬头开具；窗口面交支票缴费的，依据支票上财务专用章所列单位名称开具；

（2）银行汇款缴费的，依据汇款人账户名称开具；

（3）邮局汇款缴费的，依据汇款人姓名开具；

（4）网上缴费系统缴费的，依据缴费人填写的收据抬头开具。

9. 专利收费收据抬头可以更改吗？

专利收费收据抬头原则上不予修改，缴费人在缴费时应仔细核实收据抬头，以确保准确无误。

10. 专利收费收据没有收到应该怎么办？

缴费人缴纳专利费用后未收到收据的，应先通过电话、邮件或信函查询，确定收据去向。收据已寄出的，缴费人可依据专利局专利费用管理处（或代办处）提供的挂号号码查询邮路；收据因地址不详或无人接收而滞留在专利费用管理处（或代办处）的，缴费人可通过传真、邮件或信函将情况说明（提供需再寄的收据信息）和缴款凭证复印件等证明材料发至专利费用管理处（或代办处）办理收据再寄，也可自行或委托他人携带证明材料、委托书及身份证复印件前往专利费用管理处（或代办处）领取收据。

11. 专利收费收据遗失后应如何处理？

专利收费收据丢失，如有财务报销等需要，可自行或委托他人携带证明资料前往专利局专利费用管理处（或代办处）开具缴费证明，也可通过信函递送材料进行办理。专利费用管理处（或代办处）审核确认证明材料后，开具缴费证明并加盖财务收费专用章。每份收据只开具一次证明，收据开具时间超过一年的不予开具缴费证明。

12. 缴费人如需办理缴费证明，应提交哪些证明材料？

（1）缴费凭证复印件。

（2）加盖财务专用章的未报销财务证明，证明文件中需说明办理原因和要求出具证明文件（或复印件）的收据信息。如核实确因我处工作失误造成收据原件丢失的，可为当事人提供收据复印件加盖财务收费专用章；其他情况只能提供缴费情况说明。

（3）如因邮局原因造成收据丢失的，提供邮局出具的证明文件。

13. 什么情况下可以办理退款？

多缴、重缴、错缴专利费用的，当事人可以自缴费日起3年内，提出退款请求。符合规定的，应当予以退款。

14. 如何办理退款？

退款请求人应当是该款项的缴款人。申请人（或专利权人）、专利代理机构作为非缴费人请求退款的，应当声明是受缴款人委托办理退款手续。请求退款应当书面提出，注明申请号（或专利号）和要求退款的款项信息（如票据号、费用金额等）以及收款人信息，说明理由并附具收据复印件。

15. 多缴、重复缴纳的费用可以转换成本专利其他费用吗?

可以申请转换成本专利的其他费用。

16. 专利费用的查询方式?

(1)网络查询:登录中国及多国专利审查信息网站(ht-tp://cpquery.sipo.gov.cn),查询应缴费用和已缴费用情况。

(2)电话查询:通过拨打查询电话进行个案缴费信息的查询。专利局查询电话为 010 – 62356655。

第二节 专利缴费信息网上补充及管理系统

1. 系统的网址是什么?

专利缴费信息网上补充及管理系统是:http://fee.sipo.gov.cn。

2. 哪些缴费方式可以通过系统提交专利缴费信息?

本系统提供银行汇款、邮局汇款及窗口面交等三种缴费方式的专利缴费信息补充及管理功能。

3. 系统可以受理哪些费用的信息补充?其中代办处目前能办理的费用有哪几种?

系统可以受理普通国家申请、PCT 首次进入国家阶段以 PCT 国际申请号缴纳的费用、PCT 国际阶段的费用和集成电路布图设计的费用。

目前,各地代办处只可以受理普通国家申请、集成电路布图设计相关费用。

4. 通过系统提交缴费信息有时限要求吗?

（1）银行汇款和邮局汇款：应当在汇款当日或次日进行补充；

（2）窗口面交：应当在缴费当日进行补充。

5. 通过系统提交缴费信息的，缴费日如何确定?

（1）银行汇款和邮局汇款：汇款当天补充缴费信息的，以银行或邮局实际汇出日为缴费日，未在当日补充的，以补充完整缴费信息日为缴费日；

（2）窗口面交：以缴费人实际支付费用的日期为缴费日。

6. 在系统中提交成功并生成订单号后，发现填写信息有误该如何处理?

（1）银行或邮局补充缴费信息一旦生成订单则无法对订单信息进行修改，如发现有误，需重新进行补充，生成新订单；

（2）窗口补充缴费信息生成订单后发现缴费信息填写错误，可在代办处出具的纸件订单上直接修改并在修改处签字确认，窗口可按照修改后的信息打印收据。

7. 在系统"银行汇款方式补充信息"模块中如何填写收据抬头?

缴费人通过银行汇款方式缴纳专利费用，在系统中填写的汇款人即为收据抬头，无法自行填写。

8. 在补充系统中为什么没有找到授权费这一费用种类?

在补充系统中填写授权费时，应当填写四行，分别为专利登记费、公告印刷费、印花税、专利年费。

9. 在系统中填写费用信息时，其中无效请求人一栏如何填写？

无效请求人只有在缴纳发明专利权无效宣告请求费、实用新型专利权无效宣告请求费或外观设计专利权无效宣告请求费时才可以填写，缴纳其他费用时无须填写该栏。

10. 在系统中订单提交成功后，在哪里可以查询到订单处理情况？

在专利费用信息网上补充及管理系统首页中，根据实际缴费方式选择相应的补充缴费订单查询。

11. 使用系统填写缴费信息后，在窗口缴费时还需要提供哪些材料？

只需提供生成的订单号即可。

12. 如要缴纳的费用包括国家申请及 PCT 首次进入国家阶段或国际阶段的费用，能否在同一个订单中提交？

国家申请和 PCT 专利对应的申请号验证规则、费用种类不同，因此只能单独生成补充缴费信息的订单，也就是说不同类型的缴纳应当在银行分别汇出，分别填写订单。

13. 使用"增加一条"方式填写费用信息与费用缴费模板有没有区别？

没有区别，建议所需提交专利号比较多的情况下下载费用信息模板填写。

14. 在系统费用信息模板中，已输入正确的专利号，但是费用种类选项里为空，怎么处理？

打开模板使用说明，根据实际使用的 Excel 版本启用宏。

15. 系统对于浏览器有没有特别的要求？

没有特别要求，任何浏览器都可以使用该系统，但建议使用 IE 浏览器。

16. 在系统窗口缴费信息填写中，POS 与现金在同一个选项中，如同时通过现金及 POS 的方式缴纳专利费，可否在同一订单中提交？

因在专利局使用的收费系统中，POS 与现金是在不同的窗口中打开，所以要分别提交订单。

17. 通过邮局汇款方式缴纳 PCT 国际阶段费用，在系统填写信息时在专利类型中为什么没有此选项？

邮局缴费可提供补充信息的专利类型只包括国家申请及 PCT 申请（首次进入国家阶段）。

18. 在系统费用信息模板中填写费用信息，费用种类一栏只有布图设计登记费等的八项费用种类，没有发明专利、实用新型专利及外观专利相关费用种类吗？

输入正确的专利号后，费用种类一栏会自动生成相应专利类型的各种费用种类。

19. 专利号确认无误，但提交订单的时候，专利号校验不成功，怎么办？

在信息补充系统中输入专利号时不需要加上专利号中的"."。

20. 提交订单时，输入与图形相同字符时显示"×"提示填写错误，怎么办？

验证码的输入为算数题，并不是输入图形中的字符，应填写计算结果。

21. 可以在手机上下载"专利费用信息网上补充及管理系统"APP 吗？

可以。但目前只支持安卓版本的手机。

22. 如何在手机上安装"专利费用信息网上补充及管理系统"APP？

点击网页首页右上角安卓机器人的按钮可下载本系统 APP，将补充缴费客户端 APP 拷贝至安卓手机的 SD 卡，在手机"我的文件"中找到 PAClient. apk。点击 PAClient. apk，允许信息补充系统使用网络，完成安装。

23. 使用不同缴费方式缴费，填写费用信息时，能否使用同一费用信息模板？

不同的缴费方式需要补充的内容不同，在补充信息时应当在相对应的窗口下载相应模板。

24. 汇款缴费后使用该系统补充的，多久能收到收据？

自收到汇款及信息网上补充的订单后，3 个工作日内打印出收据，次日安排邮寄。

25. 在缴费模板中，输入正确的实用新型专利号后，费用种类只出现发明专利的相关费用，怎么办？

通常在使用"复制""粘贴"功能后比较容易出现此类情况，

建议删除专利号，使用人工输入。

26. 系统中窗口缴费信息填写时拟缴费金额一栏该如何填写？

此订单中不分收据抬头，对于所有费用的总和，金额精确到小数点后两位。

第三节　专利费用网上缴费系统

1. 什么是专利费用网上缴费系统？

中国专利电子申请网上缴费系统（以下简称"网上缴费系统"）是通过中国专利电子申请网站（http：//cponline. sipo. gov. cn/）提供给电子申请用户查询应缴费用、填写缴费清单、生成订单并利用第三方支付平台（银联在线支付）完成实际支付的系统。

2. 网上缴费系统适用于哪些人？

中国专利电子申请的注册用户可以使用网上缴费系统缴纳专利费用。

3. 使用网上缴费系统怎么支付？

（1）个人用户：个人用户可以使用银行卡支付的方式，只要拥有一张带"银联"标识且在相应银行开通了网上支付功能的银行卡，即可使用。

（2）机构用户：机构用户可以使用对公账户支付的方式进行缴费，具体支持的银行，可以在银联在线支付帮助中心（https：//online. unionpay. com/static/help/ detail _ 36. html）查询，其中的"网银支付"列标明了支持网上缴费系统的银行名称及所支持的卡类型。另外，支持银行的支付限额情况可以参见 https：//online. unionpay. com/static/help/detail_ 38. html。

4. 网上缴费适用哪些费用种类？

目前，使用网上缴费系统可以缴纳四大类费用：普通国家申请的费用、PCT 首次进入国家阶段以 PCT 国际申请号缴纳的费用、PCT 国际阶段的费用和集成电路布图设计的费用。

（1）普通国家申请的费用包括：申请费、申请附加费、公布印刷费、优先权要求费、发明专利申请实质审查费、复审费、专利登记费、公告印刷费、年费、恢复权利请求费、延长期限请求费、著录事项变更费、专利权评价报告请求费、无效宣告请求费、专利文件副本证明费。

（2）PCT 首次进入国家阶段以 PCT 国际申请号缴纳的费用包括：申请费、申请附加费、公布印刷费、优先权要求费、发明专利申请实质审查费、宽限费、改正译文错误手续费、单一性恢复费。PCT 申请进入国家阶段以后以国家申请号缴纳的费用视同普通国家申请的费用。

（3）PCT 国际阶段的费用包括：申请费、附加费、手续费、传送费、检索费、优先权文件传送费、初步审查费、单一性异议费、滞纳金、附加检索费、副本复制费、优先权恢复费、初步审查附加费、后提交费。

（4）集成电路布图设计的费用包括：布图设计登记费、延长费、复审请求费、著录事项变更手续费、恢复请求费、非自愿许可请求费、非自愿许可请求的裁决请求费、印花税。

5. 网上缴费适用的缴纳时间段有哪些？

（1）银行卡支付：银行卡支付，对所有的银行卡均支持 7 × 24 小时的支付服务。

（2）对公账户支付：对公账户支付目前支持的银行中，除了中国银行仅支持 5×8 小时的支付服务外，其余银行均支持 7×24 小时的支付服务（对公账户支付银行服务的时间以银行公布的为准）。

6. 网上缴费前需要做哪些准备？

（1）电脑系统准备：网上缴费系统推荐使用浏览器版本为 IE 7.0 版本。使用前，应关闭浏览器的弹出窗口阻止程序，否则生成订单后无法连接银联支付页面。网上缴费模板文件请使用 Excel 2003 版本。

（2）银行卡或账户准备：

①银行卡：开通银行卡的网上支付功能。可登录银联在线支付帮助中心（https://online.unionpay.com/static/help/detail_38.html）提前查询银行卡的支付限额。

②对公账户：使用前需设置对公账户的相关功能，具体可拨打咨询电话 4008809888－8 咨询。

7. 使用网上缴费系统缴纳专利费用的法律效力如何？

网上缴纳专利费用与直接缴纳、邮局汇付或者银行汇付具有同等的法律效力。缴纳专利费用的标准、要求等，均与现行缴费方式相同。

8. 网上缴费的缴费日如何确定？

网上缴费的缴费日以网上缴费系统收到的银联在线支付平台反馈的实际支付时间所对应的日期来确定。请注意充分考虑网络情况，尽量在每日 23：00 之前使用网上缴费系统完成专利费用的缴纳，避免在 0：00 前后操作时因网络原因导致的缴费日落在订单生成日的第二天，进而影响专利费用的正常缴纳。

9. 网上缴费系统缴纳专利费用的收据如何获取？

个人和机构用户通过网上缴费的收据可以选择邮寄或自取两种形式获取。需要邮寄的缴费人在网上缴费系统中填写收据接收人的详细地址信息，专利局通过挂号信的方式将收据邮寄至此地址；自取的缴费人在网上缴费系统中选择自取地点后直接到所在地区设立的代办处自行领取。

10. 如何填写缴费模板？

填写国内申请号缴费模板时，第二行也就是序列号为 0 的行不需要填写，本行主要用于金额的汇总。从第三行开始，不用输入序列号，直接输入申请号，不用输入申请号中的小数点。缴费人姓名实际为专利局出具的专利收费收据的抬头，与实际的支付人、填表人、电子申请注册用户等均没有实质必然的联系。费用名称的下拉框根据申请号所对应的专利类型进行了费用种类的筛选，若申请号不符合格式校验，则费用名称下拉框无法使用。在选择具体的费用名称后，金额栏会自动弹出该费用种类的标准金额，如果有费用减缓或者只缴纳其中一部分费用，需要自己手动修改金额。单击金额单元格，直接输入数字后回车即可。若选择的费用种类有多个缴费标准，备注栏中会显示该费用种类的具体缴费标准，金额栏中会显示 0，需要自行填写需要缴纳的金额。每行需要的信息填写完成后，序列号会自动生成。

模板中每一行只能填写一个申请号下的一笔费用，如果同一个申请号下要缴纳多笔费用，需要进行多行填写。需注意的是，同一个申请号需对应同样的缴费人姓名。

11. 系统准备导入缴费模板时总是弹出页面错误的提示框，无法导入，怎么办？

可能是以下两种原因造成的：

（1）系统使用软件的版本不兼容。使用网上缴费系统的浏览器版本最好为 IE 7.0，Excel 版本最好为 Office 2003；

（2）操作时擅自修改了模板的相关内容，导致模板导入时系统无法读到某些必要信息。缴费人可以重新下载模板并重新填写。

12. 通过模板缴费成功后，收据抬头与专利号出现不对应的情况，怎么办？

出现这种问题是缴费人填写缴费模板不当造成的。在填写模板中缴费人姓名栏时，缴费人使用了逗号分隔符，所以会出现错行现象，导致缴费人与专利号不一致。填写模板中缴费人姓名栏时请不要使用逗号这个分隔符，并且缴费人姓名中是不能出现任意符号的。

13. 使用页面在线填写进行缴费，生成订单的时候有时会出现错误代码或无响应，怎么办？

使用页面在线填写进行缴费，页面操作时间不宜过长，时间较长，页面会出现无响应或错误提示。建议不超过 10 个申请号时使用这种方式进行缴费，要进行批量缴费时请使用模板导入的缴费方式。

14. 如何填写缴费单信息？

填写申请号和缴费人姓名，点击"查询"可实时查询该申请号的发明名称及应缴费用信息，系统默认将应缴费用全部选择，若只想选择部分费用，可使用该费用明细前的复选框进行选择，也可以通过点击可选费用下拉框自行选择所需缴纳的费用种类并修改缴纳金额。点击"添加"回到此页面添加其他申请号的费用信息。全部要缴纳的申请号都添加完成后，点击"确认"按钮进入填写缴费人信息页面。

15. 在保存订单时系统提示"收据接收人不应是繁体、全英文、其他外文、非法符号",导致订单不能正常生成,怎么办?

缴费人应查看一下自己选择的邮寄地址和收据接收人中是否有系统提示中的相关内容,尤其是否存在一些特殊符号,填写时不要有空格、字母等符号,不要写繁体字,不要有英文和其他外文,改正并再生成订单便可解决。

16. 银行卡的钱已经扣了,但网上缴费系统显示"支付失败",怎么处理?

一般来说,如果银行卡的钱已经扣了,缴费应该已经成功,网上缴费系统显示"支付失败"主要是由于网络瞬间中断导致信息传递不成功所致。

首先,可使用网上缴费系统中的"交易查询"功能进行查询,如果反馈的结果为支付成功,则可确定此次缴费已成功。如果反馈的结果为支付失败,可以拨打银联的 24 小时客服电话95516,提供银联交易号和订单支付时间后进行查询,也可以拨打发卡银行的客服电话对该笔费用是否成功扣款的信息进行确认。

若扣款后第二日网上缴费系统仍显示为"支付失败",缴费人可向专利局收费处提供银行支付时间的证明,专利局经核实后,依据相关法律规定进行处理。

17. 使用网上缴费系统生成订单后点击"确认交款",银联的页面一直没有弹出,怎么办?

点击"确认交款"时,网上缴费系统页面会弹出确认支付结果的提示框,因此系统并未跳转到银联的页面,但是根据 IE 浏览器设置的不同，银联在线支付的页面已在另一个选项卡打开或者另一个弹出窗口打开。

如果浏览器对弹出窗口作了拦截设置，需先取消对弹出窗口的拦截。由于一个订单只能连接一次银联页面，取消窗口拦截后，需重新复制一个新的订单，再次进行付款操作连至银联的页面。

18. 网上缴费支付失败后，是否需重新填写订单缴费？

（1）对当天生成且支付失败的订单，网上缴费系统提供了复制订单的功能。在网上缴费系统"我的订单"页面中，选择24：00 之前进行付款操作；

（2）对之前日期支付失败的订单，需重新填写订单，以完成费用的缴纳。

19. 网上缴费成功后发现缴费信息填写错误，能进行费用更正吗？

网上缴费成功后的费用更正参照《专利审查指南2010》第五部分第二章第 6 节的相关规定执行，即：对于同一专利申请（或专利）缴纳费用时，费用种类填写错误的，缴纳该款项的当事人可以在转换后费用的缴纳期限内提出转换费用种类请求并附具相应证明，经专利局确认后可以对费用种类进行转换。但不同申请号（或专利号）之间的费用不能转换。此处附具的证明应包括网上缴费系统中支付成功的订单信息或专利局收费收据复印件。

20. 使用网上缴费系统成功支付后，可以撤销支付或请求退款吗？

使用网上缴费系统成功支付后，不能撤销此笔支付，因为一旦支付成功，网上缴纳专利费用的手续就已全部完成。若发现属于我国专利法实施细则中规定的多缴、错缴、重缴范畴的，可以按照专利法实施细则第 94 条的规定，自缴费日起 3 年内，向国务院专利行政部门提出退款请求。

第四节　代办处缴费须知

1. 代办处可以收取哪些专利费用？

代办处可收取除 PCT 国际阶段的费用、国防专利费用外所有的专利费用。

具体包括：发明专利申请费、申请文件印刷费、实质审查费、权利要求附加费、说明书附加费、优先权要求费、复审费、著录项目变更请求费、恢复权利请求费、无效宣告请求费、延长费、登记费、公告印刷费、印花税、年费、专利文件副本证明费。

实用新型专利和外观设计专利申请费、权利要求附加费、说明书附加费、优先权要求费、著录项目变更请求费、复审费、恢复权利请求费、无效宣告请求费、延长费、登记费、公告印刷费、印花税、年费、专利权评价报告请求费、专利文件副本证明费。

集成电路布图设计登记费、印花税、复审费、恢复权利请求费、著录项目变更手续费、延长费。

2. 代办处可以通过微信或支付宝缴费吗？

专利缴费暂不支持微信或支付宝等方式缴纳。

3. 面交缴费的办理流程是什么？

缴费人来代办处窗口填写面交缴费清单或自行准备缴费清单，现金、刷卡或支票支付后，领取收费收据。

4. 面交缴费清单的填写需要注意什么？

（1）收据抬头（单位名称或个人姓名）根据需要自行填写；

（2）正确填写申请号（或专利号）、费用金额、费用种类、合计金额、联系电话。

5. 支票的填写需要注意什么？

（1）支票应使用黑色碳素笔填写，不得涂改；

（2）收款人为"国家知识产权局专利局南京代办处"；

（3）日期应中文大写，在填写月、日时，月为壹、贰和壹拾的，日为壹至玖和壹拾、贰拾、叁拾的，应在其前加"零"。如1月15日，应写成零壹月壹拾伍日；再如10月20日，应写成零壹拾月零贰拾日；

（4）大写金额应顶格填写，不得留有空白；金额数字到"元"为止的，在"元"之后，应写"整"（或"正"）字；

（5）阿拉伯数字小写金额前面，均应填写人民币符号"￥"；

（6）在支票背面空白区域写明联系电话及联系人，"附加信息""被背书人"及"背书人签章"栏内不得涂写。

6. 汇款缴费流程是什么？

（1）缴费人将专利费转账到代办处收款账户；

（2）将汇款单及缴费明细单通过传真或者登录专利缴费信息网上补充及管理系统（http：//fee. sipo. gov. cn）填写的方式告知代办处；

（3）代办处确认信息齐全后开具发票并以挂号信寄出。

7. 以汇款方式缴费的如何补充缴费信息？

（1）以专利缴费信息网上补充及管理系统进行补充，可登录网站（http：//fee. sipo. gov. cn）或使用手机 APP 进行操作（手机 APP 目前仅支持安卓版本）；

（2）以传真形式补充，将银行的汇款单复印件、汇款日期、所缴费用的申请号（或专利号）及各项费用名称和分项金额、汇款人姓名（名称）、缴费人的详细地址邮编等信息传真至 025 – 83238209 后进行电话确认（025 – 83238208）。

8. 办理汇款缴费，未提供详细清单的费用应如何处理？

银行回执单附言有专利号的，自收到银行回执单 15 天以内，根据专利号正常开票（收据代办处留存）；附言没有信息的，15 天之后原账户退回，没有汇款账号信息的，代办处作暂存款记账。

第十章 授权后保护

第一节 专利标识标注

1. 专利权被授予后，专利权人能否在其专利产品上标注专利标识？

可以，在授予专利权之后的专利权有效期内，专利权人或者经专利权人同意享有专利标识标注权的被许可人可以在其专利产品、依照专利方法直接获得的产品、该产品的包装或者该产品的说明书等材料上标注专利标识。

（《专利标识标注办法》第4条）

2. 标注专利标识的，应当标明哪些内容？

应当标明以下内容：

（1）采用中文标明专利权的类别，例如中国发明专利、中国实用新型专利、中国外观设计专利；

（2）国家知识产权局授予专利权的专利号。

除上述内容之外，可以附加其他文字、图形标记，但附加的文字、图形标记及其标注方式不得误导公众。

（《专利标识标注办法》第5条）

3. 在依照专利方法直接获得的产品、该产品的包装或者该产品的说明书等材料上标注专利标识的，应当注意什么？

在依照专利方法直接获得的产品、该产品的包装或者该产品的说明书等材料上标注专利标识的，应当采用中文标明该产品系依照专利方法所获得的产品。

（《专利标识标注办法》第6条）

4. 专利权被授予前，是否可以标注专利标识？

可以，专利权被授予前在产品、该产品的包装或者该产品的说明书等材料上进行标注的，应当采用中文标明中国专利申请的类别、专利申请号，并标明"专利申请，尚未授权"字样。

5. 专利标识标注不当的，有哪些后果？

（1）专利标识的标注不符合《专利标识标注办法》第5条、第6条、第7条规定的，由管理专利工作的部门责令改正。

（2）专利标识标注不当，构成假冒专利行为的，由管理专利工作的部门依照专利法第63条的规定进行处罚。

第二节　专利权保护

1. 不同专利权的保护范围如何确定？

专利法所称发明，是指对产品、方法或者其改进所提出的新的技术方案。

专利法所称实用新型，是指对产品的形状、构造或者其结合所提出的适于实用的新的技术方案。

专利法所称外观设计，是指对产品的形状、图案或者其结合以及色彩与形状、图案的结合所作出的富有美感并适于工业应用的新设计。

发明或者实用新型专利权的保护范围以其权利要求的内容为准，说明书及附图可以用于解释权利要求的内容。

外观设计专利权的保护范围以表示在图片或者照片中的该产

品的外观设计为准，简要说明可以用于解释图片或者照片所表示的该产品的外观设计。

2. 专利权从何时开始生效？

专利权自公告之日起生效。

3. 专利权的期限为多久？

发明专利权的期限为 20 年，实用新型专利权和外观设计专利权的期限为 10 年，均自申请日起计算。

4. 专利权的期限就是专利的保护期限吗？

我国专利法并未明确规定专利的保护期限，而只规定了专利的期限（专利法规定，发明专利权的期限为 20 年，实用新型专利权和外观设计专利权的期限为 10 年，均自申请日起计算），这个"期限"并不等于保护期限；

根据专利法第 11 条规定，专利权保护期限的起始日是公告日，但最长可至专利期限届满日。

5. 专利权人有哪些权利？

（1）禁止他人未经许可实施其专利；

（2）转让专利权；

（3）许可他人实施其专利；

（4）放弃专利权；

（5）在专利产品或者产品包装上标明专利标识；

（6）将专利权进行质押。

6. 哪些行为属于专利侵权行为？

发明和实用新型专利权被授予后，除专利法另有规定的以外，任何单位或者个人未经专利权人许可，实施其专利的行为，即为生产经营目的制造、使用、许诺销售、销售、进口其专利产品，或者使用其专利方法以及使用、许诺销售、销售、进口依照该专利方法直接获得的产品。

外观设计专利权被授予后，任何单位或者个人未经专利权人许可，实施其专利的行为，即为生产经营目的制造、许诺销售、销售、进口其外观设计专利产品。

7. 不视为侵犯专利权的情形有哪些？

（1）专利产品或者依照专利方法直接获得的产品，由专利权人或者经其许可的单位、个人售出后，使用、许诺销售、销售、进口该产品的；

（2）在专利申请日前已经制造相同产品、使用相同方法或者已经作好制造、使用的必要准备，并且仅在原有范围内继续制造、使用的；

（3）临时通过中国领陆、领水、领空的外国运输工具，依照其所属国同中国签订的协议或者共同参加的国际条约，或者依照互惠原则，为运输工具自身需要而在其装置和设备中使用有关专利的；

（4）专为科学研究和实验而使用有关专利的；

（5）为提供行政审批所需要的信息制造、使用、进口专利药品或者专利医疗器械的，以及专门为其制造、进口专利药品或者专利医疗器械的。

8. 专利权人或者利害关系人遭遇专利侵权时该怎么办？

（1）协商，即专利侵权纠纷首先应当由当事人协商解决；

（2）协商解决不成的，当事人可以选择行政救济，即专利权人或者利害关系人请求管理专利工作的部门处理或调解，也可以选择司法救济，即专利权人或者利害关系人向法院提起民事诉讼。

9. 专利权人发现专利侵权，追究侵权人责任的时效有多久？

专利法规定，侵犯专利权的诉讼时效为 2 年，自专利权人或者利害关系人得知或者应当得知侵权行为之日起计算。即专利权人在得知或者应当得知侵权行为之日起 2 年后开始主张权利的，管理专利工作的部门或者法院对其诉求将不予支持。

但是，专利权人于专利权授予之日前即已得知或者应当得知的，该 2 年期限自专利权授予之日起计算。

10. 侵犯专利权需承担什么法律责任？

判定侵权行为成立，侵权人应承担停止侵权、赔偿损失的责任。

为生产经营目的使用、许诺销售或者销售不知道是未经专利权人许可而制造并售出的专利侵权产品，能证明该产品合法来源的，不承担赔偿责任。

11. 哪些行为属于假冒专利行为？

假冒专利的行为包括以下几种：

（1）在未被授予专利权的产品或者其包装上标注专利标识，专利权被宣告无效后或者终止后继续在产品或者其包装上标注专利标识，或者未经许可在产品或者产品包装上标注他人的专利号；

（2）销售第（1）项所述产品；

（3）在产品说明书等材料中将未被授予专利权的技术或者设计称为专利技术或者专利设计，将专利申请称为专利，或者未经许可使用他人的专利号，使公众将所涉及的技术或者设计误认为是专利技术或者专利设计；

（4）伪造或者变造专利证书、专利文件或者专利申请文件；

（5）其他使公众混淆，将未被授予专利权的技术或者设计误认为是专利技术或者专利设计的行为。

专利权终止前依法在专利产品、依照专利方法直接获得的产品或者其包装上标注专利标识，在专利权终止后许诺销售、销售该产品的，不属于假冒专利行为。

12. 假冒专利行为人需承担什么法律责任？

（1）民事责任；

（2）行政责任：由管理专利工作的部门责令改正并予以公告，没收违法所得，可以并处违法所得 4 倍以下的罚款；没有违法所得的，可以处 20 万元以下的罚款；

（3）构成犯罪的，依法追究刑事责任。

13. 社会公众发现假冒专利产品，怎么办？

（1）向假冒专利行为发生地的知识产权局举报；

（2）拨打 12330 向知识产权维权援助中心举报。

14. 江苏 12330 的主要职责有哪些？

（1）提供有关知识产权法律法规、申请授权程序以及法律状态、纠纷处理和诉讼咨询及推介合作单位等；

（2）提供知识产权侵权判定及赔偿额估算的参考意见；

（3）对疑难知识产权案件、滥用知识产权和不侵权诉讼的案件组织研讨论证并提供咨询意见；

（4）接收、处理单位或个人对知识产权侵权、知识产权违法案件的举报或投诉，以及转送的举报或投诉案件；

（5）组织协调有关机构，研究促进重大知识产权纠纷与争端合理解决的方案；

（6）为胜诉的有重大影响的知识产权纠纷当事人酌情提供经费资助，根据江苏省现状，援助资金将优先用于支持涉外案件；

（7）为重大研发、经贸、投资和技术转移活动组织提供知识产权分析论证和知识产权预警服务；

（8）对大型体育赛事、文化活动、展会、博览会和海关知识产权保护事项提供法律状态查询及侵权判定等服务。

15. 社会公众可以通过什么方式申请知识产权维权援助与举报投诉？

（1）热线电话：拨打知识产权维权援助与举报投诉热线025－12330；

（2）在线服务：登录中国（江苏）知识产权维权援助中心网站 http：//12330. jsip. gov. cn/在线举报和维权栏目申请在线服务；

（3）电子邮件：发送电子邮件至 sos@ jsip. gov. cn；

（4）其他方式：信函或者直接至中国（江苏）知识产权维权援助中心面访，地址是：南京市鼓楼区中山北路 49 号江苏机械大厦 1611 室。

16. 举报人举报知识产权违法行为，应当符合哪些条件？

（1）有明确的举报对象；

（2）有具体违法事实及相关证据；

（3）属于江苏省知识产权行政管理部门管辖范围；

（4）提供的证据或线索指向的违法行为不属于江苏省内知识产权行政管理部门或司法机关已经受理的案件。

17. 江苏 12330 对知识产权违法行为的举报是否有奖励？奖励金额有多少？

有奖励，奖励如下：

（1）举报人提供知识产权违法行为的事实和证据，经知识产权执法部门查证属实，且该案件属于在全国范围内有重大影响的，由中心给予举报人 5000 元奖励；

（2）属于在江苏省内有重大影响的，给予举报人 3000 元奖励。

举报人提供知识产权违法行为的证据或线索，对知识产权执法部门办案起到重要作用或有帮助的，由中心给予举报人表彰，向其发放表彰证书。

18. 江苏 12330 提供知识产权维权援助的条件是什么？

江苏省境内的自然人、法人及其他组织，符合以下条件，可以向援助中心申请知识产权维权援助，援助中心依申请酌情给予援助。

（1）因经济困难，不能支付知识产权纠纷处理和诉讼费用；

（2）遇到难以解决的知识产权事项或案件。

19. 申请知识产权维权援助要提交哪些材料？

（1）填写《中国（江苏）知识产权维权援助中心维权援助申请表》；

（2）法人或其他组织应提供单位合法有效证明文件原件及复印件；

（3）自然人应提供身份证明原件及复印件；

（4）拥有知识产权的，应提供相关权益证明文件原件及复印件；

（5）援助对象属于经济困难的，应提交有关政府部门出具的经济状况证明；

（6）援助事项和事由的说明文件，包括事件发生的时间、地点、经过、进展等相关材料；

（7）法人或其他组织的申请，应加盖单位公章，个人申请援助的，应有本人签名确认；

（8）援助中心认为需要提交的其他材料。

国家知识产权局专利局南京代办处
业务范围及其他相关信息

一、国家知识产权局专利局南京代办处现有业务范围：

1. 专利申请受理（纸件申请、电子申请）；

2. 专利收费减缴备案；

3. 专利费用收缴；

4. 专利通知书发文；

5. 专利证书发文（试点）；

6. 专利权质押登记；

7. 专利实施许可合同备案；

8. 专利复审及无效文件的受理（纸件）；

9. 批量专利申请（专利）法律状态证明；

10. 专利文档查阅与复制；

11. 专利申请优先审查；

12. 专利在先申请文件副本；

13. 退信通知（试点）；

14. 登记簿副本制作；

15. 相关业务咨询。

二、国家知识产权局专利局南京代办处银行账号及开户行、邮局汇款账号

1. 南京代办处银行账号及开户行

账号：077414291025386

户名：国家知识产权局专利局南京代办处

开户行：上海浦东发展银行南京分行鼓楼支行

2. 南京代办处邮局汇款账号

邮局汇款缴费根据地址汇款。

地址：江苏省南京市中山北路 49 号机械大厦 10 楼

收款人：国家知识产权局专利局南京代办处

三、国家知识产权局专利局南京代办处语音咨询热线、传真及地址邮编

语音咨询：025－83279951、83279953、83279958；

咨询电话：025－83238202、83241914（受理）

025－83238208、83236242（收费）

传　　真：025－83238207（受理）；025－83238209（收费）

通讯地址：江苏省南京市中山北路 49 号机械大厦 10 楼

邮政编码：210008

附录二

专利申请等常用相关表格

表1 发明专利请求书

请按照"注意事项"正确填写本表各栏			此框内容由国家知识产权局填写	
⑦发明名称			①申请号	
			②分案提交日	
⑧发明人	发明人1	□不公布姓名	③申请日	
	发明人1	□不公布姓名	④费减审批	
	发明人1	□不公布姓名	⑤向外申请审批	
⑨第一发明人国籍或地区　居民身份证件号码			⑥挂号号码	
⑩申请人	申请人(1)	姓名或名称	申请人类型	
		居民身份证件号码或组织机构代码 □请求费减且已完成费减资格备案	电子邮箱	
		国籍或注册国家(地区)　　　　经常居所地或营业所所在地		
		邮政编码　　　　电话		
		省、自治区、直辖市		
		市县		
		城区(乡)、街道、门牌号		
	申请人(2)	姓名或名称	申请人类型	
		居民身份证件号码或组织机构代码 □请求费减且已完成费减资格备案	电子邮箱	
		国籍或注册国家(地区)　　　　经常居所地或营业所所在地		
		邮政编码　　　　电话		
		省、自治区、直辖市		
		市县		
		城区(乡)、街道、门牌号		
	申请人(3)	姓名或名称	申请人类型	
		居民身份证件号码或组织机构代码 □请求费减且已完成费减资格备案	电子邮箱	
		国籍或注册国家(地区)　　　　经常居所地或营业所所在地		
		邮政编码　　　　电话		
		省、自治区、直辖市		
		市县		
		城区(乡)、街道、门牌号		

110101
2016. 10

124

发明专利请求书

<table>
<tr><td rowspan="6">⑪
联系人</td><td>姓　名</td><td colspan="2">电话</td><td colspan="2">电子邮箱</td></tr>
<tr><td colspan="5">邮政编码</td></tr>
<tr><td colspan="5">省、自治区、直辖市</td></tr>
<tr><td colspan="5">市县</td></tr>
<tr><td colspan="5">城区（乡）、街道、门牌号</td></tr>
</table>

<table>
<tr><td>⑫代表人为非第一署名申请人时声明</td><td>特声明第____署名申请人为代表人</td></tr>
</table>

<table>
<tr><td rowspan="5">⑬
专利
代理
机构</td><td colspan="4">□声明已经与申请人签订了专利代理委托书且本表中的信息与委托书中相应
　信息一致</td></tr>
<tr><td colspan="2">名称</td><td colspan="2">机构代码</td></tr>
<tr><td rowspan="3">代理人
（1）</td><td>姓　名</td><td rowspan="3">代理人
（2）</td><td>姓　名</td></tr>
<tr><td>执业证号</td><td>执业证号</td></tr>
<tr><td>电　话</td><td>电　话</td></tr>
</table>

<table>
<tr><td>⑭
分案
申请</td><td>原申请号</td><td>针对的分
案申请号</td><td>原申请日
年　　月　　　日</td></tr>
</table>

<table>
<tr><td rowspan="2">⑮
生物
材料
样品</td><td>保藏单位代码</td><td>地址</td><td colspan="2">是否存活</td><td>□是
□否</td></tr>
<tr><td>保藏日期　年　月　日</td><td>保藏编号</td><td colspan="3">分类命名</td></tr>
</table>

<table>
<tr><td>⑯
序列
表</td><td>□本专利申请涉及核苷酸或氨基酸
序列表</td><td>⑰
遗传
资源</td><td>□本专利申请涉及的发明创造
是依赖于遗传资源完成的</td></tr>
</table>

<table>
<tr><td rowspan="3">⑱
要
求
优
先
权
声
明</td><td>原受理机构
名称</td><td>在先申请日</td><td>在先申请号</td><td rowspan="2">⑲
不丧失
新颖性
宽限期
声明</td><td>□已在中国政府主办或
承认的国际展览会上
首次展出
□已在规定的学术会议
或技术会议上首次
发表
□他人未经申请人同意
而泄露其内容</td></tr>
<tr><td colspan="3" rowspan="2"></td></tr>
<tr><td>⑳
保密
请求</td><td>□本专利申请可能涉及
国家重大利益，请求
按保密申请处理
□已提交保密证明材料</td></tr>
</table>

110101
2016.10

125

发 明 专 利 请 求 书

㉑□ 声明本申请人对同样的发明创造在申请本发明专利的同日申请了实用新型专利	㉒提前公布	□ 请求早日公布该专利申请

㉓摘要附图	指定说明书附图中的图_____为摘要附图

㉔申请文件清单	㉕附加文件清单
1. 请求书　　　　　　　　份　　页 2. 说明书摘要　　　　　　份　　页 3. 权利要求书　　　　　　份　　页 4. 说明书　　　　　　　　份　　页 5. 说明书附图　　　　　　份　　页 6. 核苷酸或氨基酸序列表　份　　页 7. 计算机可读形式的序列表 　　权利要求的项数　　　项	□ 实质审查请求书　　　份　共　页 □ 实质审查参考资料　　份　共　页 □ 优先权转让证明　　　份　共　页 □ 优先权转让证明中文题录 　　　　　　　　　　　份　共　页 □ 保密证明材料　　　　份　共　页 □ 专利代理委托书　　　份　共　页 　　总委托书备案编号（_____） □ 在先申请文件副本　　份 □ 在先申请文件副本中文题录 　　　　　　　　　　　份　共　页 □ 生物材料样品保藏及存活证明 　　　　　　　　　　　份　共　页 □ 生物材料样品保藏及存活证明中文题录　　　　　　份　共　页 □ 向外国申请专利保密审查请求书 　　　　　　　　　　　份　共　页 □ 其他证明文件（注明文件名称） 　　　　　　　　　　　份　共　页 □
㉖全体申请人或专利代理机构签字或者盖章	㉗国家知识产权局审核意见
 　 　 　 　 　 　 　 年　　月　　日	 　 　 　 　 　 　 　 年　　月　　日

发 明 专 利 请 求 书 外 文 信 息 表

发明名称		
发明人姓名	发明人1	
	发明人2	
	发明人3	
申请人名称及地址	申请人1	名称 地址
	申请人2	名称 地址
	申请人3	名称 地址

注 意 事 项

一、申请发明专利，应当提交发明专利请求书、权利要求书、说明书、说明书摘要，有附图的应当同时提交说明书附图，并指定其中一幅作为摘要附图。（表格可在国家知识产权局网站 www. sipo. gov. cn 下载）

二、本表应当使用国家公布的中文简化汉字填写，表中文字应当打字或者印刷，字迹为黑色。外国人姓名、名称、地名无统一译文时，应当同时在请求书外文信息表中注明。

三、本表中方格供填表人选择使用，若有方格后所述内容的，应当在方格内作标记。

四、本表中所有详细地址栏，本国的地址应当包括省（自治区）、市（自治州）、区、街道门牌号码，或者省（自治区）、县（自治县）、镇（乡）、街道门牌号码，或者直辖市、区、街道门牌号码。有邮政信箱的，可以按规定使用邮政信箱。外国的地址应当注明国别、市（县、州），并附具外文详细地址。其中申请人、专利代理机构、联系人的详细地址应当符合邮件能够迅速、准确投递的要求。

五、填表说明

1. 本表第①、②、③、④、⑤、⑥、㉗栏由国家知识产权局填写。

2. 本表第⑦栏发明名称应当简短、准确，一般不得超过25个字。

3. 本表第⑧栏发明人应当是个人。发明人可以请求国家知识产权局不公布其姓名。

4. 本表第⑨栏应当填写第一发明人国籍，第一发明人为中国内地居民的，应当同时填写居民身份证件号码。

5. 本表第⑩栏申请人是个人的，应当填写本人真实姓名，不得使用笔名或者其他非正式姓名；申请人是单位的，应当填写单位正式全称，并与所使用公章上的单位名称一致。申请人是中国内地单位或者个人的，应当填写其名称或者姓名、地址、邮政编码、组织机构代码或者居民身份证件号码；申请人是外国人、外国企业或者外国其他组织的，应当填写其姓名或者名称、国籍或者注册的国家或者地区、经常居所地或者营业所所在地。申请人类型可从下列类型中选择填写：个人，企业，事业单位，机关团体，大专院校，科研单位。申请人请求费用减缴且已完成费减资格备案的，应当在方格内作标记。

6. 本表第⑪栏，申请人是单位且未委托专利代理机构的，应当填写联系人，并同时填写联系人的通信地址、邮政编码、电子邮箱和电话号码，联系人只能填写一人，且应当是本单位的工作人员。

7. 本表第⑫栏，申请人指定非第一署名申请人为代表人时，应当在此栏指明被确定的代表人。

8. 本表第⑬栏，申请人委托专利代理机构的，应当填写此栏。

9. 本表第⑭栏，申请是分案申请的，应当填写此栏。申请是再次分案申请的，还应当填写所针对的分案申请的申请号。

10. 本表第⑮栏，申请涉及生物材料的发明专利，应当填写此栏，并自申请日起四个月内提交生物材料样品保藏及存活证明，对于外国保藏单位出具的生物材料样品保藏及存活证明，还应同时提交生物材料样品保藏及存活证明中文题录。本栏分类命名应填写所保藏生物材料的中文分类名称及拉丁文分类名称。

11. 本表第⑯栏，发明申请涉及核苷酸或氨基酸序列表的，应当填写此栏。

12. 本表第⑰栏，发明创造的完成依赖于遗传资源的，应当填写此栏。

13. 本表第⑱栏，申请人要求优先权的，应当填写此栏。

14. 本表第⑲栏，申请人要求不丧失新颖性宽限期的，应当填写此栏，并自申请日起两个月内提交证明文件。

15. 本表第⑳栏，申请人要求保密处理的，应当填写此栏。

16. 本表第㉑栏，申请人同日对同样的发明创造既申请实用新型专利又申请发明专利的，应当填写此栏。未作说明的，依照专利法第九条第一款关于同样的发明创造只能授予一项专利权的规定处理。（注：申请人应当在同日提交实用新型专利申请文件。）

17. 本表第㉒栏，申请人要求提前公布的，应当填写此栏。若填写此栏，不需要再单独提交发明专利请求提前公布声明。

18. 本表第㉓栏，申请人应当填写说明书附图中的一幅附图的图号。

19. 本表第㉔、㉕栏，申请人应当按实际提交的文件名称、份数、页数及权利要求项数正确填写。

20. 本表第㉖栏，委托专利代理机构的，应当由专利代理机构加盖公章。未委托专利代理机构的，申请人为个人的应当由本人签字或者盖章，申请人为单位的应当加盖单位公章；有多个申请人的由全体申请人签字或者盖章。

21. 本表第⑧、⑩、⑮、⑱栏，发明人、申请人、生物材料样品保藏、要求优先权声明的内容填写不下时，应当使用规定格式的附页续写。

缴 费 须 知

1. 申请人应当在缴纳申请费通知书（或费用减缴审批通知书）中规定的缴费日前缴纳申请费、公布印刷费和申请附加费。申请人要求优先权的，应当在缴纳申请费的同时缴纳优先权要求费。

2. 一件专利申请的权利要求（包括独立权利要求和从属权利要求）数量超过 10 项的，从第 11 项权利要求起，每项权利要求增收附加费 150 元；一件专利申请的说明书页数（包括附图、序列表）超过 30 页的，从第 31 页起，每页增收附加费 50 元，超过 300 页的，从第 301 页起，每页增收附加费 100 元。

3. 申请人请求减缴费用的，应当在提交申请文件前完成费减资格备案并在请求书中申请人一栏提出请求。

4. 专利费用可以通过网上缴费、邮局或银行汇款缴纳，也可以到国家知识产权局面缴。

5. 网上缴费：电子申请注册用户可登录 http://www.cponline.gov.cn，并按照相关要求使用网上缴费系统缴纳。

6. 邮局汇款：收款人姓名：国家知识产权局专利局收费处，商户客户号：110000860。

7. 银行汇款：开户银行：中信银行北京知春路支行，户名：中华人民共和国国家知识产权局专利局，账号：7111710182600166032。

8. 汇款时应当准确写明申请号、费用名称（或简称）及分项金额。未写明申请号和费用名称（或简称）的视为未办理缴费手续。了解更多详细信息及要求，请登录 http://www.sipo.gov.cn 查询。

9. 对于只能采用电子联行汇付的，应当向银行付电报费，正确填写并要求银行至少将申请号及费用名称两项列入汇款单附言栏中同时发至国家知识产权局专利局。

10. 应当正确填写申请号 13 位阿拉伯数字（注：最后一位校验位可能是字母），小数点不需填写。

11. 费用名称可以使用下列简称：

印花费——印	发明专利申请费——申
发明专利公布印刷费——文印	
发明专利实质审查费——审	发明专利复审费——复
发明专利登记费——登	著录事项变更费——变
优先权要求费——优	
恢复权利请求费——恢	
发明专利权无效宣告请求费——无（无效）	
延长费——延	
权利要求附加费——权（权附）	说明书附加费——说（说附）
发明专利年费滞纳金——滞（年滞）	

发明专利第 N 年年费——年 N（注：N 为实际年度，例如：发明专利第 8 年年

费——年8）

12. 费用通过邮局或者银行汇付遗漏必要缴费信息的，可以在汇款当日通过传真或电子邮件的方式补充。 （传真电话：010 – 62084312；电子邮箱：shoufeichu@sipo. gov. cn）补充完整缴费信息的，以汇款日为缴费日。当日补充不完整而再次补充的，以国家知识产权局收到完整缴费信息之日为缴费日。

补充缴费信息的，应当提供邮局或者银行的汇款单复印件、所缴费用的申请号（或专利号）及各项费用的名称和金额。同时，应当提供接收收据的地址、邮政编码、接收人姓名或名称等信息。补充缴费信息如不能提供邮局或者银行的汇款单复印件的，还应当提供汇款日期、汇款人姓名或名称、汇款金额、汇款单据号码等信息。

13. 未按上述规定办理缴费手续的，所产生的法律后果由汇款人承担。

表 2 实 用 新 型 专 利 请 求 书

请按照"注意事项"正确填写本表各栏

			此框内容由国家知识产权局填写
⑦实用新型名称			①申请号　　（实用新型）
			②分案提交日
⑧发明人			③申请日
			④费减审批
			⑤向外申请审批
⑨第一发明人国籍　　　居民身份证件号码			⑥挂号号码
⑩申请人	申请人（1）	姓名或名称	申请人类型
		居民身份证件号码或组织机构代码□请求费减且已完成费减资格备案	电子邮箱
		国籍或注册国家（地区）　　　经常居所地或营业所所在地	
		邮政编码	电话
		省、自治区、直辖市	
		市县	
		城区（乡）、街道、门牌号	
	申请人（2）	姓名或名称	申请人类型
		居民身份证件号码或组织机构代码　□请求费减且已完成费减资格备案	
		国籍或注册国家（地区）　　　经常居所地或营业所所在地	
		邮政编码	电话
		省、自治区、直辖市	
		市县	
		城区（乡）、街道、门牌号	
	申请人（3）	姓名或名称	申请人类型
		居民身份证件号码或组织机构代码　□请求费减且已完成费减资格备案	
		国籍或注册国家（地区）　　　经常居所地或营业所所在地	
		邮政编码	电话
		省、自治区、直辖市	
		市县	
		城区（乡）、街道、门牌号	

120101
2016. 10

实 用 新 型 专 利 请 求 书

<table>
<tr><td rowspan="5">⑪
联
系
人</td><td>姓　　名</td><td colspan="2">电话</td><td colspan="2">电子邮箱</td></tr>
<tr><td colspan="5">邮政编码</td></tr>
<tr><td colspan="5">省、自治区、直辖市</td></tr>
<tr><td colspan="5">市县</td></tr>
<tr><td colspan="5">城区（乡）、街道、门牌号</td></tr>
<tr><td colspan="6">⑫代表人为非第一署名申请人时声明　　　特声明第____署名申请人为代表人</td></tr>
<tr><td rowspan="5">⑬
专利
代理
机构</td><td colspan="5">□声明已经与申请人签订了专利代理委托书且本表中的信息与委托书中相应信息一致</td></tr>
<tr><td colspan="3">名称</td><td colspan="2">机构代码</td></tr>
<tr><td rowspan="3">代
理
人
(1)</td><td>姓　　名</td><td></td><td rowspan="3">代
理
人
(2)</td><td>姓　　名</td></tr>
<tr><td>执业证号</td><td></td><td>执业证号</td></tr>
<tr><td>电　话</td><td></td><td>电　话</td></tr>
<tr><td>⑭
分案
申请</td><td colspan="2">原申请号</td><td colspan="2">针对的分案申请号</td><td>原申请日
年　　月　　日</td></tr>
<tr><td rowspan="2">⑮
要
求
优
先
权
声
明</td><td>原受理机构名称</td><td>在先申请日</td><td>在先申请号</td><td>⑯
不丧失新颖性宽限期声明</td><td>□已在中国政府主办或承认的国际展览会上首次展出
□已在规定的学术会议或技术会议上首次发表
□他人未经申请人同意而泄露其内容</td></tr>
<tr><td></td><td></td><td></td><td>⑰
保密请求</td><td>□本专利申请可能涉及国家重大利益，请求保密处理
□已提交保密证明材料</td></tr>
<tr><td>⑱</td><td colspan="5">□声明本申请人对同样的发明创造在申请本实用新型专利的同日申请了发明专利</td></tr>
</table>

120101
2016. 10

实 用 新 型 专 利 请 求 书

<table>
<tr><td colspan="2">⑲申请文件清单</td><td colspan="3">⑳附加文件清单</td></tr>
<tr><td>1. 请求书</td><td>份　页</td><td>□ 优先权转让证明</td><td>份　共　页</td></tr>
<tr><td>2. 说明书摘要</td><td>份　页</td><td>□ 保密证明材料</td><td>份　共　页</td></tr>
<tr><td>3. 摘要附图</td><td>份　页</td><td>□ 专利代理委托书</td><td>份　共　页</td></tr>
<tr><td>4. 权利要求书</td><td>份　页</td><td>　总委托书（编号_____）</td><td></td></tr>
<tr><td>5. 说明书</td><td>份　页</td><td>□ 在先申请文件副本</td><td>份</td></tr>
<tr><td>6. 说明书附图</td><td>份　页</td><td>□ 在先申请文件副本首页</td><td></td></tr>
<tr><td></td><td></td><td>　译文</td><td>份</td></tr>
<tr><td></td><td></td><td>□ 向外国申请专利保密</td><td></td></tr>
<tr><td>权利要求的项数　项</td><td></td><td>　审查请求书</td><td>份　共　页</td></tr>
<tr><td></td><td></td><td>□ 其他证明文件（名称_____）</td><td></td></tr>
<tr><td></td><td></td><td></td><td>份　共　页</td></tr>
<tr><td></td><td></td><td>□</td><td></td></tr>
<tr><td>㉑全体申请人或专利代理机构签字或者盖章</td><td></td><td>㉒国家知识产权局审核意见</td><td></td></tr>
<tr><td colspan="2">年　月　日</td><td colspan="2">年　月　日</td></tr>
</table>

实 用 新 型 专 利 请 求 书 英 文 信 息 表

实用新型名称	
发明人姓名	
申请人名称及地址	

注 意 事 项

一、申请实用新型专利，应当提交实用新型专利请求书、权利要求书、说明书、说明书附图、说明书摘要、摘要附图。申请文件应当一式一份。（表格可在国家知识产权局网站 www.sipo.gov.cn 下载）

二、本表应当使用国家公布的中文简化汉字填写，表中文字应当打字或者印刷，字迹为黑色。外国人姓名、名称、地名无统一译文时，应当同时在请求书英文信息表中注明。

三、本表中方格供填表人选择使用，若有方格后所述内容的，应当在方格内作标记。

四、本表中所有详细地址栏，本国的地址应当包括省（自治区）、市（自治州）、区、街道门牌号码，或者省（自治区）、县（自治县）、镇（乡）、街道门牌号码，或者直辖市、区、街道门牌号码。有邮政信箱的，可以按规定使用邮政信箱。外国的地址应当注明国别、市（县、州），并附具外文详细地址。其中申请人、专利代理机构、联系人的详细地址应当符合邮件能够迅速、准确投递的要求。

五、填表说明

1. 本表第①、②、③、④、⑤、⑥、㉒栏由国家知识产权局填写。

2. 本表第⑦栏实用新型名称应当简短、准确，一般不得超过 25 个字。

3. 本表第⑧栏发明人应当是个人。发明人有两个以上的应当自左向右顺序填写。发明人姓名之间应当用分号隔开。发明人可以请求国家知识产权局不公布其姓名。若请求不公布姓名，应当在此栏所填写的相应发明人后面注明"（不公布姓名）"。

4. 本表第⑨栏应当填写第一发明人国籍，第一发明人为中国内地居民的，应当同时填写居民身份证件号码。

5. 本表第⑩栏申请人是中国单位或者个人的，应当填写其名称或者姓名、地址、邮政编码、组织机构代码或者居民身份证件号码；申请人是外国人、外国企业或者外国其他组织的，应当填写其姓名或者名称、国籍或者注册的国家或者地区。申请人是个人的，应当填写本人真实姓名，不得使用笔名或者其他非正式的姓名；申请人是单位的，应当填写单位正式全称，并与所使用的公章上的单位名称一致。申请人请求费用减缴且已完成费减资格备案的，应当在方格内作标记。

6. 本表第⑪栏，申请人是单位且未委托专利代理机构的，应当填写联系人，并同时填写联系人的通信地址、邮政编码、电子邮箱和电话号码，联系人只能填写一人，且应当是本单位的工作人员。申请人为个人且需由他人代收国家知识产权局所发信函的，也可以填写联系人。

7. 本表第⑫栏，申请人指定非第一署名申请人为代表人时，应当在此栏指明被确定的代表人。

8. 本表第⑬栏，申请人委托专利代理机构的，应当填写此栏。

9. 本表第⑭栏，申请是分案申请的，应当填写此栏。申请是再次分案申请的，还应当填写所针对的分案申请的申请号。

136

10. 本表第⑮栏，申请人要求外国或者本国优先权的，应当填写此栏。

11. 本表第⑯栏，申请人要求不丧失新颖性宽限期的，应当填写此栏，并自申请日起两个月内提交证明文件。

12. 本表第⑰栏，申请人要求保密处理的，应当填写此栏。

13. 本表第⑱栏，申请人同日对同样的发明创造既申请实用新型专利又申请发明专利的，应当填写此栏。未作声明的，依照专利法第九条第一款关于同样的发明创造只能授予一项专利权的规定处理。（注：申请人应当在同日提交发明专利申请文件。）

14. 本表第⑲、⑳栏，申请人应当按实际提交的文件名称、份数、页数及权利要求项数正确填写。

15. 本表第㉑栏，委托专利代理机构的，应当由专利代理机构加盖公章。未委托专利代理机构的，申请人为个人的应当由本人签字或者盖章，申请人为单位的应当加盖单位公章；有多个申请人的由全体申请人签字或者盖章。

16. 本表第⑧、⑩、⑮栏，发明人、申请人、要求优先权声明的内容填写不下时，应当使用规定格式的附页续写。

120101
2016. 10

缴　费　须　知

1. 申请人应当在缴纳申请费通知书（或费用减缴审批通知书）中规定的缴费日前缴纳申请费和申请附加费。申请人要求优先权的，应当在缴纳申请费的同时缴纳优先权要求费。

2. 一件专利申请的权利要求（包括独立权利要求和从属权利要求）数量超过 10 项的，从第 11 项权利要求起，每项权利要求增收附加费 150 元；一件专利申请的说明书页数（包括附图页数）超过 30 页的，从第 31 页起，每页增收附加费 50 元，超过 300 页的，从第 301 页起，每页增收附加费 100 元。

3. 申请人请求减缴费用的，应当在提交申请文件前完成费减资格备案并在请求书中申请人一栏提出请求。

4. 各种专利费用可以通过网上缴费、邮局或银行汇款缴纳，也可以到国家知识产权局面缴。

5. 网上缴费：电子申请注册用户可登录 http：//www.cponline.gov.cn，并按照相关要求使用网上缴费系统缴纳。

6. 邮局汇款：收款人姓名：国家知识产权局专利局收费处，商户客户号：110000860。

7. 银行汇款：开户银行：中信银行北京知春路支行，户名：中华人民共和国国家知识产权局专利局，账号：7111710182600166032。

8. 汇款时应当准确写明申请号、费用名称（或简称）及分项金额。未写明申请号和费用名称（或简称）的视为未办理缴费手续。了解更多详细信息及要求，请登录 http：//www.sipo.gov.cn 查询。

9. 对于只能采用电子联行汇付的，应当向银行付电报费，正确填写并要求银行至少将申请号及费用名称两项列入汇款单附言栏中同时发至国家知识产权局专利局。

10. 应当正确填写申请号 13 位阿拉伯数字（注：最后一位校验位可能是字母），小数点不需填写。

11. 费用名称可以使用下列简称：

印花费——印	实用新型专利申请费——申
实用新型专利检索报告费——检（实检）	实用新型专利复审费——复
著录事项变更费——变	优先权要求费——优
改正优先权要求请求费——改（改优）	恢复权利请求费——恢
实用新型专利权无效宣告请求费——无（无效）	实用新型专利登记印刷费——登
延长费——延	权利要求附加费——权（权附）
说明书附加费——说（说附）	实用新型专利年费滞纳金——滞（年滞）

实用新型专利第 N 年年费——年 N（注：N 为实际年度，例如：实用新型专利第 8 年年费——年 8）

实用新型专利权评价报告请求费——评价

12. 费用通过邮局或者银行汇付遗漏必要缴费信息的，可以在汇款当日通过传真或电子邮件的方式补充。 （传真电话：010－62084312；电子邮箱：shoufeichu@sipo.gov.cn）补充完整缴费信息的，以汇款日为缴费日。当日补充不完整而再次补充的，以国家知识产权局收到完整缴费信息之日为缴费日。

补充缴费信息的，应当提供邮局或者银行的汇款单复印件、所缴费用的申请号（或专利号）及各项费用的名称和金额。同时，应当提供接收收据的地址、邮政编码、接收人姓名或名称等信息。补充缴费信息如不能提供邮局或者银行的汇款单复印件的，还应当提供汇款日期、汇款人姓名或名称、汇款金额、汇款单据号码等信息。

13. 未按上述规定办理缴费手续的，所产生的法律后果由汇款人承担。

表 3 外 观 设 计 专 利 请 求 书

请按照"注意事项"正确填写本表各栏

				此框内容由国家知识产权局填写	
⑥ 使用外观设计的产品名称				①申请号　　（外观设计）	
				②分案提交日	
⑦ 设计人				③申请日	
				④费减审批	
⑧第一设计人国籍　　　居民身份证件号码				⑤挂号号码	
⑨ 申请人	申请人 (1)	姓名或名称		电话	
		居民身份证件号码或组织机构代码 □请求费减且已完成费减资格备案		电子邮箱	
		国籍或注册国家（地区）　　　经常居所地或营业所所在地			
		邮政编码	详细地址		
	申请人 (2)	姓名或名称		电话	
		居民身份证件号码或组织机构代码　　□请求费减且已完成费减资格备案			
		国籍或注册国家（地区）　　　经常居所地或营业所所在地			
		邮政编码	详细地址		
	申请人 (3)	姓名或名称		电话	
		居民身份证件号码或组织机构代码　　□请求费减且已完成费减资格备案			
		国籍或注册国家（地区）　　　经常居所地或营业所所在地			
		邮政编码	详细地址		
⑩ 联系人	姓　名		电话		电子邮箱
	邮政编码		详细地址		
⑪代表人为非第一署名申请人时声明　　　特声明第____署名申请人为代表人					
⑫ 专利代理机构	名称			机构代码	
	代理人 (1)	姓　名		代理人 (2)	姓　名
		执业证号			执业证号
		电　话			电　话

130101
2016. 10

140

外 观 设 计 专 利 请 求 书

⑬ 分案 申请	原申请号		针对的分 案申请号		原申请日 年 月 日
⑭ 要 求 外 国 优 先 权 声 明	原受理机构 名称	在先申请日	在先申请号	⑮ 不 丧 失 新 颖 性 宽 限 期 声 明	□ 已在中国政府主 办或承认的国际 展览会上首次 展出 □ 已在规定的学术 会议或技术会议 上首次发表 □ 他人未经申请人 同意而泄露其 内容
⑯ 相似 设计	□ 本案为同一产品的相似外观设计，其所包含的项数为_____项。				
⑰ 成套 产品	□ 本案为成套产品的多项外观设计，其所包含的项数为_____项。				

⑱申请文件清单	⑲附加文件清单
1. 请求书 份 页 2. 图片或照片 份 页 3. 简要说明 份 页 图片或照片 幅	□ 优先权转让证明 份 共 页 □ 专利代理委托书 份 共 页 　总委托书（编号____） □ 在先申请文件副本 份 □ 在先申请文件副本首页 　译文 份 □ 其他证明文件（名称____）份 共 页 □
⑳全体申请人或专利代理机构签字 或者盖章 　　　　　　　年 月 日	㉑国家知识产权局审核意见 　　　　　　　年 月 日

130101
2016. 10

141

外 观 设 计 专 利 请 求 书 英 文 信 息 表

使用外观设计的产品名称	
设计人姓名	
申请人名称及地址	

注 意 事 项

一、申请外观设计专利，应当提交外观设计专利请求书、外观设计图片或照片以及外观设计简要说明。（表格可在国家知识产权局网站 www.sipo.gov.cn 下载）

二、本表应当使用国家公布的中文简化汉字填写，表中文字应当打字或者印刷，字迹为黑色。外国人姓名、名称、地名无统一译文时，应当同时在请求书英文信息表中注明。

三、本表中方格供填表人选择使用，若有方格后所述内容的，应当在方格内作标记。

四、本表中所有详细地址栏，本国的地址应当包括省（自治区）、市（自治州）、区、街道门牌号码，或者省（自治区）、县（自治县）、镇（乡）、街道门牌号码，或者直辖市、区、街道门牌号码。有邮政信箱的，可以按规定使用邮政信箱。外国的地址应当注明国别、市（县、州），并附其外文详细地址。其中申请人、专利代理机构、联系人的详细地址应当符合邮件能够迅速、准确投递的要求。

五、填表说明

1. 本表第①、②、③、④、⑤、㉑栏由国家知识产权局填写。

2. 本表第⑥栏使用外观设计的产品名称应当与外观设计图片或者照片中表示的外观设计相符合，准确、简明地表明要求保护的产品的外观设计。产品名称一般应当符合国际外观设计分类表中小类列举的名称。产品名称一般不得超过 20 个字。

3. 本表第⑦栏设计人应当是个人。设计人有两个以上的应当自左向右顺序填写。设计人姓名之间应当用分号隔开。设计人可以请求国家知识产权局不公布其姓名。若请求不公布姓名，应当在此栏所填写的相应设计人后面注明"（不公布姓名）"。

4. 本表第⑧栏应当填写第一设计人国籍，第一设计人为中国内地居民的，应当同时填写居民身份证件号码。

5. 本表第⑨栏申请人是个人的，应当填写本人真实姓名，不得使用笔名或者其他非正式的姓名；申请人是单位的，应当填写单位正式全称，并与所使用的公章上的单位名称一致。申请人是中国单位或者个人的，应当填写其姓名或者名称、地址、邮政编码、组织机构代码或者居民身份证件号码；申请人是外国人、外国企业或者外国其他组织的，应当填写其姓名或者名称、国籍或者注册的国家或者地区、经常居所地或者营业所所在地。申请人请求费用减缴且已完成费减资格备案的，应当在方格内作标记。

6. 本表第⑩栏，申请人是单位且未委托专利代理机构的，应当填写联系人，并同时填写联系人的通信地址、邮政编码、电子邮箱和电话号码，联系人只能填写一人，且应当是本单位的工作人员。申请人为个人且需由他人代收国家知识产权局所发信函的，也可以填写联系人。

7. 本表第⑪栏，申请人指定非第一署名申请人为代表人时，应当在此栏指明被确定的代表人。

8. 本表第⑫栏，申请人委托专利代理机构的，应当填写此栏。

9. 本表第⑬栏，申请是分案申请的，应当填写此栏。申请是再次分案申请的，还应当填写所针对的分案申请的申请号。

10. 本表第⑭栏，申请人要求外国优先权的，应当填写此栏。

11. 本表第⑮栏，申请人要求不丧失新颖性宽限期的，应当填写此栏，自申请日起两个月内提交证明文件。

12. 本表第⑯栏，同一产品两项以上的相似外观设计，作为一件申请提出时，申请人应当填写相关信息。一件外观设计专利申请中的相似外观设计不得超过10项。

13. 本表第⑰栏，用于同一类别并且成套出售或者使用的产品的两项以上外观设计，作为一件申请提出时，申请人应当填写相关信息。成套产品外观设计专利申请中不应包含某一件或者几件产品的相似外观设计。

14. 本表第⑱、⑲栏，申请人应当按实际提交的文件名称、份数、页数及图片或照片幅数正确填写。

15. 本表第⑳栏，委托专利代理机构的，应当由专利代理机构加盖公章。未委托专利代理机构的，申请人为个人的应当由本人签字或盖章，申请人为单位的应当加盖单位公章；有多个申请人的由全体申请人签字或者盖章。

16. 本表第⑦、⑨、⑭栏，设计人、申请人、要求外国优先权声明的内容填写不下时，应当使用规定格式的附页续写。

缴 费 须 知

1. 申请人应当在缴纳申请费通知书（或费用减缴审批通知书）中规定的缴费日前缴纳申请费。申请人要求优先权的，应当在缴纳申请费的同时缴纳优先权要求费。

2. 申请人请求减缴费用的，应当在提交申请文件前完成费减资格备案并在请求书中申请人一栏提出请求。

3. 专利费用可以通过网上缴费、邮局或银行汇款缴纳，也可以到国家知识产权局面缴。

4. 网上缴费：电子申请注册用户可登录 http：//www. cponline. gov. cn，并按照相关要求使用网上缴费系统缴纳。

5. 邮局汇款：收款人姓名：国家知识产权局专利局收费处，商户客户号：110000860。

6. 银行汇款：开户银行：中信银行北京知春路支行，户名：中华人民共和国国家知识产权局专利局，账号：7111710182600166032。

7. 汇款时应当准确写明申请号、费用名称（或简称）及分项金额。未写明申请号和费用名称（或简称）的视为未办理缴费手续。了解更多详细信息及要求，请登录 http：//www. sipo. gov. cn 查询。

8. 对于只能采用电子联行汇付的，应当向银行付电报费，正确填写并要求银行至少将申请号及费用名称两项列入汇款单附言栏中，同时发至国家知识产权局专利局。

9. 应当正确填写申请号 13 位阿拉伯数字（注：最后一位校验位可能是字母），小数点不需填写。

10. 费用名称可以使用下列简称：

印花费——印

外观设计专利申请费——申

外观设计专利复审费——复

著录事项变更费——变

优先权要求费——优

恢复权利请求费——恢

外观设计专利权无效宣告请求费——无（无效）

外观设计专利登记费——登

延长费——延

外观设计专利年费——年

外观设计专利年费滞纳金——滞（年滞）

外观专利第 N 年年费——年 N（注：N 为实际年度，例如：外观专利第 8 年年费——年 8）

外观设计专利权评价报告请求费——评价

11. 费用通过邮局或者银行汇付遗漏必要缴费信息的，可以在汇款当日通过传真或电子邮件的方式补充。 （传真电话：010 - 62084312；电子邮箱：shoufeichu @

sipo. gov. cn）补充完整缴费信息的，以汇款日为缴费日。当日补充不完整而再次补充的，以国家知识产权局收到完整缴费信息之日为缴费日。

补充缴费信息的，应当提供邮局或者银行的汇款单复印件、所缴费用的申请号（或专利号）及各项费用的名称和金额。同时，应当提供接收收据的地址、邮政编码、接收人姓名或名称等信息。补充缴费信息如不能提供邮局或者银行的汇款单复印件，还应当提供汇款日期、汇款人姓名或名称、汇款金额、汇款单据号码等信息。

12. 未按上述规定办理缴费手续的，所产生的法律后果由汇款人承担。

表4 专利文档查询复制请求书

请按照"注意事项"正确填写本表各栏

① 待查 案件	申请号或专利号		
	发明创造名称		
	申请人或专利权人		
② 请求 人	姓名或名称		联系电话
③办理方式	□ 加急	□ 普通	
④送达方式	□ 邮寄	□ 自取	
⑤ 联系 或 邮寄 地址	联系人或收件人姓名		
	地址		
	邮政编码		联系电话
⑥ 附件 清单	□ 委托书　　□ 身份证明复印件　　□		
⑦ 文档 复制 理由			
⑧ 查询 复制 内容	是否以证明方式出具：　　□ 是　　　　□ 否		
⑨请求人或专利代理机构签章 年　　月　　日		⑩取件人签字 年　　月　　日	
⑪ 案件 状态	□ 初审　　□ 实审　　□ 授权　　□ 复审、无效		
⑫收据号码		⑬国家知识产权局处理意见 年　　月　　日	
复印数量	页		
请求日期			

100032
2017.7

注 意 事 项

一、本表应当使用国家公布的中文简化汉字填写，表中文字应当打字或者印刷，字迹为黑色，提交一式一份。

二、本表第①栏所填内容应当与该专利申请请求书中内容一致。如果该申请或者专利办理过著录项目变更手续，应当按照国家知识产权局批准变更后的内容填写。

三、本表第②栏所填请求人应当为办理文档查阅复制的实际请求人，请求人为单位的，应当填写单位正式全称。

四、本表第③栏中的方格由填表人填写，填表人应当选择实际办理方式。

五、本表第④栏中的方格由填表人填写，国家知识产权局将依据填表人选择的送达方式发送文件副本。

六、本表第⑤栏中的内容由填表人填写。国家知识产权局将依据第⑤栏信息邮寄复制文件或与联系人沟通相关事宜。

七、本表第⑥栏由填表人填写除本表外递交的所有文件名称。请求人应提供法人签章的证明文件或申请人、专利权人身份证明复印件。

八、本表第⑦栏由填表人填写文档查阅复制理由。

九、本表第⑧栏由填表人填写请求查阅复制的文件名称。对于文件复制件，国家知识产权局不加盖公章，需要加盖公章的，以存档文件证明方式出具。

十、本表第⑨栏，委托专利代理机构办理文件查询复制的，应当由专利代理机构加盖公章。未委托专利代理机构的，请求人为个人的应当由本人签字或盖章；请求人是单位的应当加盖单位公章。

十一、本表第⑪、⑫、⑬栏由国家知识产权局填写。

十二、请求书邮寄地址：北京市海淀区蓟门桥西土城路 6 号

收件人名称：国家知识产权局专利局初审及流程管理部专利事务服务处（专利局初审部服务处）

邮政编码：100088

十三、以证明方式出具的专利文件复制件，需要缴纳专利文件副本证明费。专利文件副本证明费可以通过网上缴费、邮局或银行汇款缴纳，也可以到国家知识产权局或代办处收费窗口面缴。

网上缴费：电子申请注册用户可登录 http：//www.cponline.gov.cn，并按照相关要求使用网上缴费系统缴纳。

邮局汇款：收款人姓名：国家知识产权局专利局收费处，商户客户号：110000860。

银行汇款：开户银行：中信银行北京知春路支行，户名：中华人民共和国国家知识产权局专利局，账号：7111710182600166032。

汇款时应当准确写明申请号、费用名称（或简称）及分项金额。未写明申请号和费用名称（或简称）的视为未办理缴费手续。了解更多详细信息及要求，请登录 http：//www.sipo.gov.cn 查询。

100032

2017.7

表5 办理文件副本请求书

请按照"注意事项"正确填写本表各栏

① 专利 申请	申请号或专利号	
	发明创造名称	
	申请人或专利权人	
② 请 求 人	姓名或名称　　　　　　　　　联系电话	
③请求内容 　　请求对上述　专利申请或专利　出具 　　□ 在先申请文件副本（优先权证明文件）　　份 　　□ 专利授权文件副本（专利说明书）　　　　份 　　□ 专利证书副本　　　　　　　　　　　　　份 　　□ 专利登记簿副本　　　　　　　　　　　　份 　　□ 更换专利证书　　　　　　　　　　　　　份 　　□　　　　　　　　　　　　　　　　　　　份	备注	
④办理方式　　　　　□ 加急　　　　□ 普通		
⑤送达方式　　　　　□ 自取　　　　□ 邮寄		
⑥ 联系 或 邮寄 地址	联系人或收件人姓名	
	地址	
	邮政编码　　　　　　　　　　联系电话	
⑦ 附件 清单	□ 委托书　　　　□ 身份证明复印件　　　　□	
⑧请求人或专利代理机构签章 　　　　　　　　年　　月　　日	⑨取件人签字 　　　　　　年　　月　　日	
⑩请求日期		⑫国家知识产权局处理意见 　　　　　　　年　　月　　日
⑪收据号码		

100031
2017.7

149

注 意 事 项

一、本表应当使用国家公布中文简化汉字填写，表中文字应当打字或者印刷，字迹为黑色，提交一式一份。

二、本表第①栏所填内容应当与该专利申请请求书中内容一致。如果该申请或者专利办理过著录项目变更手续，应当按照国家知识产权局批准变更后的内容填写。

三、本表第②栏所填请求人应当为办理文件副本的实际请求人，请求人为单位的，应当填写单位正式全称。

四、本表第③栏中方格由填表人填写，填表人应当对办理文件副本作标记且填写需办理文件副本的份数。

五、本表第④栏中方格由填表人填写，填表人应当选择实际办理方式。

六、本表第⑤栏中方格由填表人填写，国家知识产权局将依据填表人选择的文件副本送达方式发送文件副本。

七、本表第⑥栏中的内容由填表人填写。国家知识产权局将依据第⑥栏信息邮寄文件副本或与联系人沟通相关事宜。

八、本表第⑦栏由填表人填写除本表外递交的所有文件名称。请求人以当面或邮寄方式办理的，需要提交请求人身份证明。请求人委托他人办理的，需要提交委托关系证明、经办人身份证明和请求人身份证明。

九、本表第⑧栏，委托专利代理机构办理文件副本的，应当由专利代理机构加盖公章。未委托专利代理机构的，请求人为个人的应当由本人签字或盖章；请求人是单位的应当加盖单位公章。

十、本表第⑩、⑪、⑫栏由国家知识产权局填写。

十一、需要办理专利证书副本的共同专利权人，应当在专利权人收到国家知识产权局发出的专利证书正本之后提出办理请求。专利权终止后，国家知识产权局不再颁发专利证书副本。

十二、专利证书损坏的，专利权人可以请求更换专利证书。请求更换专利证书应当交回原专利证书。专利权终止后，国家知识产权局不再更换专利证书。因专利权的转移、专利权人更名，专利权人姓名或者名称变更的，均不予更换专利证书。

十三、请求书邮寄地址：北京市海淀区蓟门桥西土城路 6 号　邮政编码：100088

收件人名称：国家知识产权局专利局初审及流程管理部专利事务服务处（专利局初审部服务处）

十四、办理文件副本，需要缴纳专利文件副本证明费。

专利文件副本证明费可以通过网上缴费、邮局或银行汇款缴纳，也可以到国家知识产权局或代办处收费窗口面缴。

网上缴费：电子申请注册用户可登录 http：//ｗ ww．cponline．gov．cn，并按照相关要求使用网上缴费系统缴纳。

邮局汇款：收款人姓名：国家知识产权局专利局收费处，商户客户号：110000860。

150

银行汇款：开户银行：中信银行北京知春路支行，户名：中华人民共和国国家知识产权局专利局，账号：7111710182600166032。

汇款时应当准确写明申请号、费用名称（或简称）及分项金额。未写明申请号和费用名称（或简称）的视为未办理缴费手续。了解更多详细信息及要求，请登录http：//www.sipo.gov.cn查询。

表6 办理证明文件请求书

请按照"注意事项"正确填写本表各栏

① 专利 申请	申请号或专利号		
	发明创造名称		
	申请人或专利权人		
② 请 求 人	姓名或名称	联系电话	
③请求内容 　请求对上述　专利申请或专利　出具 　□ 专利申请人名称变更证明　　　　　份 　□ 授权程序证明　　　　　　　　　　份 　□ 专利证书证明　　　　　　　　　　份 　□ 公布公告文本证明　　　　　　　　份 　□ 批量专利法律状态证明　　　　　　份 　□ 批量专利申请法律状态证明　　　　份 　□　　　　　　　　　　　　　　　　份		备注	
④办理方式　　　　□ 加急　　　　□ 普通			
⑤送达方式　　　　□ 自取　　　　□ 邮寄			
⑥ 联系 或 邮寄 地址	联系人或收件人姓名		
	地址		
	邮政编码	联系电话	
⑦ 附件 清单	□ 委托书　　　□ 身份证明复印件　　　□		
⑧请求人或专利代理机构签章 　　　　　　　　　年　　月　　日		⑨取件人签字 　　　　　　年　　月　　日	
⑩请求日期		⑫国家知识产权局处理意见 　　　　　　年　　月　　日	
⑪收据号码			

100030
2017.7

152

注　意　事　项

一、本表应当使用国家公布中文简化汉字填写，表中文字应当打字或者印刷，字迹为黑色，提交一式一份。

二、本表第①栏所填内容应当与该专利申请请求书中内容一致。如果该申请或者专利办理过著录项目变更手续，应当按照国家知识产权局批准变更后的内容填写。

三、本表第②栏所填请求人应当为申请人（或专利权人）或本案代理机构，请求人为单位的，应当填写单位正式全称。

四、本表第③栏中的方格由填表人填写，填表人应当对办理的证明文件作标记，并填写需要办理证明文件的份数。

五、本表第④栏中的方格由填表人填写，填表人应当选择实际办理方式。

六、本表第⑤栏中的方格由填表人填写，国家知识产权局将依据填表人选择的证明文件送达方式发送证明文件。

七、本表第⑥栏中的内容由填表人填写。国家知识产权局将依据第⑥栏信息邮寄证明文件或与联系人沟通相关事宜。

八、本表第⑦栏由填表人填写除本表外递交的所有文件名称。请求人以当面或邮寄方式办理的，需要提交请求人身份证明。请求人委托他人办理的，需要提交委托关系证明、经办人身份证明和请求人身份证明。

九、本表第⑧栏，委托专利代理机构办理证明文件的，应当由专利代理机构加盖公章。未委托专利代理机构的，请求人为个人的应当由本人签字或盖章；请求人是单位的应当加盖单位公章。

十、本表第⑩、⑪、⑫栏由国家知识产权局填写。

十一、请求书邮寄地址：北京市海淀区蓟门桥西土城路6号

收件人名称：国家知识产权局专利局初审及流程管理部专利事务服务处（专利局初审部服务处）

邮政编码：100088

十二、办理证明文件，需要缴纳专利文件副本证明费。

专利文件副本证明费可以通过网上缴费、邮局或银行汇款缴纳，也可以到国家知识产权局或代办处收费窗口面缴。

网上缴费：电子申请注册用户可登录 http：//www.cponline.gov.cn，并按照相关要求使用网上缴费系统缴纳。

邮局汇款：收款人姓名：国家知识产权局专利局收费处，商户客户号：110000860。

银行汇款：开户银行：中信银行北京知春路支行，户名：中华人民共和国国家知

识产权局专利局，账号：7111710182600166032。

汇款时应当准确写明申请号、费用名称（或简称）及分项金额。未写明申请号和费用名称（或简称）的视为未办理缴费手续。了解更多详细信息及要求，请登录http：//www.sipo.gov.cn查询。

表7 专 利 申 请 优 先 审 查 请 求 书

请按照"注意事项"正确填写本表各栏

<table>
<tr><td rowspan="5">②
专
利
申
请
信
息</td><td colspan="2">申请号</td><td colspan="2">①优先审查编号</td></tr>
<tr><td colspan="4">优先审查类型　　□ 发明　　　　□ 实用新型　　　　□ 外观设计</td></tr>
<tr><td colspan="2">优先审查请求人</td><td colspan="2">国籍</td></tr>
<tr><td colspan="2">联系人</td><td colspan="2">联系电话</td></tr>
<tr><td colspan="4">联系地址及邮编</td></tr>
</table>

是否存在同日申请　　□ 是　　□ 否　　｜同日申请号

<table>
<tr><td rowspan="1">③
请
求
优
先
审
查
理
由</td><td>□ 涉及节能环保、新一代信息技术、生物、高端装备制造、新能源、新材
　　料、新能源汽车、智能制造等国家重点发展产业。
□ 涉及各省级和设区的市级人民政府重点鼓励的产业。
□ 涉及互联网、大数据、云计算等领域且技术或者产品更新速度快。
□ 专利申请人已经做好实施准备或者已经开始实施，或者有证据证明他人
　　正在实施其发明创造。
□ 就相同主题首次在中国提出专利申请又向其他国家或地区提出申请的该
　　中国首次申请。
□ PCT途径，国际申请号_____；□ 巴黎公约途径
□ 其他对国家利益或者公共利益具有重大意义需要优先审查。
□ _____</td></tr>
</table>

④优先审查请求人声明
　　□ 优先审查请求人已认真阅读并同意遵守《专利优先审查管理办法》的各项规定。

⑤附件清单
　　□ 现有技术或者现有设计信息材料　　　　份　　页
　　□ 相关证明文件　　　　　　　　　　　　份　　页
　　□ 其他　　　　　　　　　　　　　　　　份　　页

⑥附件文件信息

相 关 专 利 文 献	文献号	公开日期	相关的段落和/或图号

专 利 申 请 优 先 审 查 请 求 书

	书名/期刊/文摘名称（包括版本号/卷号/期号）	出版日期/发行日期	作者姓名和文章标题	相关页数
相关非专利文献				

⑦优先审查请求人签章

_____年_____月_____日

⑧国务院相关部门或省级知识产权局签署推荐意见	⑨国家知识产权局审核意见
_____年_____月_____日	_____年_____月_____日

注　意　事　项

　　一、本表应当使用国家公布的中文简化汉字填写，表中文字应当打字或者印刷，字迹为黑色。(表格可在国家知识产权局网站 www. sipo. gov. cn 下载)

　　二、填表说明

　　1. 本表第①、⑨栏由国家知识产权局填写。

　　2. 本表第②栏由优先审查请求人填写请求优先审查专利的基本信息，勾选优先审查类型。

　　3. 本表第③栏由优先审查请求人勾选并填写请求优先审查理由。

　　4. 本表第④栏优先审查请求人应当勾选优先审查请求人声明。

　　《专利优先审查管理办法》可在国家知识产权局网站（www. sipo. gov. cn）上查看。

　　5. 本表第⑤栏由优先审查请求人填写附件清单。

　　提交现有技术或者现有设计信息材料，应当勾选"现有技术或者现有设计信息材料"选项，并填写文件份数及页数；提交相关证明文件，应当勾选"相关证明文件"选项，并填写文件份数及页数；提交其他证明材料，应当勾选"其他"选项，并填写文件份数及页数。

　　其中，申请人已经做好实施准备或者已经开始实施的，需要提交的相关证明文件是指原型照片或证明、样本证明、工厂注册证书、产品目录、产品手册；申请人有证据证明他人正在实施其发明创造的，需提交的相关证明文件是指交易或销售证明（例如，买卖合同、产品供应协议、采购发票）。

　　向外提出申请的中国首次申请包含 PCT 途径和巴黎公约途径两种情形。对于通过 PCT 途径向其他国家或地区提出申请的，无需提交证明文件，仅在优先审查请求书中写明国际申请号即可；对于通过巴黎公约途径提交的，需要提交对应国家或地区专利审查机构的受理通知书。

　　6. 本表第⑥栏由优先审查请求人填写附件文件信息。

　　优先审查请求人提交的附件文件信息，涉及专利文献的，应当填写专利文献号、公开日期及涉及的相关段落和/或图号；涉及非专利文献的，应当填写非专利文献书名、期刊或文摘名称、出版日期及涉及的相关页数。若有多项附件文件信息，可另附页填写。

　　7. 本表第⑦栏由优先审查请求人签字或盖章。

　　涉及专利申请的优先审查，由全体申请人或本案专利代理机构盖章。

　　8. 本表第⑧栏由国务院相关部门或省级知识产权局签署推荐意见。

　　特别注意：优先审查请求人遇到下列情形，优先审查请求书第⑧栏可以不提供国务院相关部门或省级知识产权局签署推荐意见。

　　以《专利优先审查管理办法》第三条第五项"就相同主题首次在中国提出专利申

请又向其他国家或地区提出申请的该中国首次申请"作为理由提出优先审查请求的。

9. 请求书邮寄地址：北京市海淀区蓟门桥西土城路 6 号，收件人名称：国家知识产权局专利局初审及流程管理部专利事务服务处（专利局初审部服务处），邮政编码：100088。

表8 专 利 实 施 许 可 合 同 备 案 申 请 表

<table>
<tr><td rowspan="3">许可专利</td><td colspan="3" align="center">专利名称</td><td colspan="3" align="center">专利（申请）号</td></tr>
<tr><td colspan="3"></td><td colspan="3"></td></tr>
<tr><td colspan="3"></td><td colspan="3"></td></tr>
<tr><td rowspan="2">许可方</td><td>名称</td><td colspan="3"></td><td>电话</td><td></td></tr>
<tr><td>地址</td><td colspan="3"></td><td>邮编</td><td></td></tr>
<tr><td rowspan="2">被许可方</td><td>名称</td><td colspan="3"></td><td>电话</td><td></td></tr>
<tr><td>地址</td><td colspan="3"></td><td>邮编</td><td></td></tr>
<tr><td rowspan="2">代理人</td><td>机构名称</td><td colspan="2"></td><td>姓名</td><td></td><td>电话</td></tr>
<tr><td>地址</td><td colspan="4"></td><td>邮编</td></tr>
<tr><td rowspan="3">合同信息</td><td>许可种类</td><td colspan="3">□独占许可　□排他许可　□普通许可
□交叉许可　□分许可</td><td colspan="2">专利许可
地域范围</td></tr>
<tr><td>使用费用</td><td colspan="2">□人民币
□美元</td><td>支付方式</td><td colspan="2"></td></tr>
<tr><td>生效日期</td><td colspan="2"></td><td>终止日期</td><td colspan="2"></td></tr>
<tr><td rowspan="2" colspan="2" align="center">许可方声明</td><td colspan="5">□ 专利实施许可合同符合《专利实施许可合同备案办法》相关规定</td></tr>
<tr><td colspan="5">□ 不存在违反专利法第15条相关规定的情形</td></tr>
<tr><td colspan="3" valign="top">许可方签章：

　　年　月　日</td><td colspan="2" valign="top">代理机构签章：

　　年　月　日</td><td colspan="2" valign="top">审查意见：

　　年　月　日</td></tr>
</table>

办理专利实施许可合同备案手续及填表说明

1. 办理专利实施许可合同备案需提交的文件：

（1）专利实施许可合同备案申请表；

（2）专利实施许可合同；

（3）许可方、被许可方的身份证明（个人需提交身份证复印件，企业需提交加盖公章的营业执照复印件、组织机构代码证复印件，事业单位需提交加盖公章的事业单位法人证书复印件、组织机构代码证复印件）；

（4）许可方、被许可方共同委托代理人办理相关手续的委托书；

（5）代理人身份证复印件。

2. 申请表一般由许可方签章；许可方或被许可方为外国人的，可由其委托的代理机构签章。

3. 许可方为多人以及许可专利为多项的，当事人可自行制作申请表附页，将完整信息填入。

表 9 专 利 权 质 押 登 记 申 请 表

质押专利	专利名称		专利号		授权公告日	

出质人	名称			电话	
	地址			邮编	
质权人	名称			电话	
	地址			邮编	
代理人	名称			电话	
	地址			邮编	

债务合同信息	合同名称			债务履行期限	
	债务金额	（人民币） （外汇）	质押金额	（人民币） （外汇）	
	债权人		债务人		
	经济活动简述				

专利权是否经过资产评估	是 □	评估单位名称	
	否 □		

出质人签章：	质权人签章：	代理人签章：
年 月 日	年 月 日	年 月 日

161

办理专利权质押登记手续及填表说明

1. 办理专利权质押登记需提交的文件：
（1）专利权质押登记申请表；
（2）专利权质押合同；
（3）出质人、质权人身份证明（个人需提交身份证复印件，企业需提交加盖公章的营业执照复印件、组织机构代码证复印件及企业法人代表身份证复印件）；
（4）出质人、质押人共同委托代理人办理相关手续的委托书；
（5）代理人身份证复印件。
2. "经济活动简述"是指专利权质押发生的原因。
3. 出质人、质权人为多人以及质押专利为多项的，当事人可自行制作申请表附页，将完整信息填入。

附录三

国家知识产权局专利收费标准一览表

一、专利收费（金额单位：人民币元）

专利收费—国内部分	
（一）申请费	
1. 发明专利	900
2. 实用新型专利	500
3. 外观设计专利	500
（二）申请附加费	
1. 权利要求附加费从第 11 项起每项加收	150
2. 说明书附加费从第 31 页起每页加收	50
从第 301 页起每页加收	100
（三）公告、公布印刷费	50
（四）优先权要求费（每项）	80
（五）发明专利申请实质审查费	2500
（六）复审费	
1. 发明专利	1000
2. 实用新型专利	300
3. 外观设计专利	300
（七）专利登记费	
1. 发明专利	200
2. 实用新型专利	150
3. 外观设计专利	150
（八）年费	
1. 发明专利	
1~3 年（每年）	900

4~6 年（每年）	1200
7~9 年（每年）	2000
10~12 年（每年）	4000
13~15 年（每年）	6000
16~20 年（每年）	8000
2. 实用新型专利、外观设计专利	
1~3 年（每年）	600
4~5 年（每年）	900
6~8 年（每年）	1200
9~10 年（每年）	2000
（九）年费滞纳金	
每超过规定的缴费时间 1 个月，加收当年全额年费的 5%	
（十）恢复权利请求费	1000
（十一）延长期限请求费	
1. 第一次延长期限请求费（每月）	300
2. 再次延长期限请求费（每月）	2000
（十二）著录事项变更费	
1. 发明人、申请人、专利权人的变更	200
2. 专利代理机构、代理人委托关系的变更	50
（十三）专利权评价报告请求费	
1. 实用新型专利	2400
2. 外观设计专利	2400
（十四）无效宣告请求费	
1. 发明专利权	3000
2. 实用新型专利权	1500
3. 外观设计专利权	1500
（十五）专利文件副本证明费（每份）	30
注：对经济困难的专利申请人或专利权人的专利收费减缴按照《专利收费减缴办法》有关规定执行。	
专利收费—PCT 申请收费	
（一）PCT 申请国际阶段部分	
1. 国家知识产权局代世界知识产权组织国际局收取的费用	
国家知识产权局代世界知识产权组织国际局收取的费用（国际申请费、手续费），其收费标准和减缴规定参照《专利合作条约实施细则》执行，实际收费以国家知识产权局确定的国际申请日所在月国家外汇管理局公布的汇率计算。	
2. 国家知识产权局收取的费用	
（1）传送费	500

（2）检索费	2100
附加检索费	2100
（3）优先权文件费	150
（4）初步审查费	1500
初步审查附加费	1500
（5）单一性异议费	200
（6）副本复制费（每页）	2
（7）后提交费	200
（8）恢复权利请求费	1000
（9）滞纳金 按应交费用的50%计收，最低不少于传送费，最高不超过《专利合作条约实施细则》中国际申请费的50%。	
（二）PCT申请进入中国国家阶段部分	
1. 宽限费	1000
2. 译文改正费	
初审阶段	300
实审阶段	1200
3. 单一性恢复费	900
4. 优先权恢复费	1000
注：由中国国家知识产权局作为受理局受理的PCT申请在进入国家阶段时免缴申请费及申请附加费；提出实质审查请求时，减缴50%的实质审查费。 　由中国国家知识产权局作出国际检索报告或专利性国际初步报告的PCT申请，在进入国家阶段并提出实质审查请求时，免缴实质审查费。 　由欧洲专利局、日本特许厅、瑞典专利局三个国际检索单位作出国际检索报告的PCT申请，在进入国家阶段并提出实质审查请求时，减缴20%的实质审查费。 　PCT申请进入中国国家阶段的其他收费标准依照国内部分执行。	
专利收费—依据约定收费	
国家知识产权局在为其他国家和地区的专利申请提供检索和审查服务时，收取的专利收费标准按双方约定执行。	

二、集成电路布图设计保护费标准（金额单位：人民币元）

（一）布图设计登记费（每件）	2000
（二）布图设计登记复审请求费（每件）	2000
（三）著录事项变更手续费（每件每次）	100
（四）延长期限请求费（每件每次）	300
（五）恢复布图设计登记权利请求费（每件）	1000
（六）非自愿许可使用布图设计请求费（每件）	300
（七）非自愿许可使用布图设计支付报酬裁决费（每件）	300

参考文献

［1］中华人民共和国专利法 2008［M］. 北京：知识产权出版社，2009.
［2］中华人民共和国专利法实施细则 2010［M］. 北京：知识产权出版社，2010.
［3］中华人民共和国国家知识产权局. 专利审查指南 2010［M］. 北京：知识产权出版社，2010.